Béatrice Courau

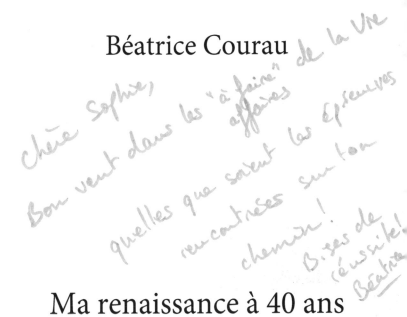

Chère Sophie,
Bon vent dans les "à faire" de la vie
affaires
quelles que soient les épreuves
rencontrées sur ton
chemin !
Bises de
réussite !
Béatrice

Ma renaissance à 40 ans

Edilivre

A propos de l'auteur :

Béatrice COURAU travaille dans la gestion de stress après 20 ans d'expérience en entreprises de toute taille qui lui ont donné une bonne connaissance de l'entreprise et lui ont permis de mieux comprendre le stress. Elle a pu analyser durant ces années les différents facteurs de stress et pris une orientation professionnelle lui permettant de s'y investir. Elle pratique cette thérapie brève et coaching sur toutes personnes, allant d'âge bébé à senior. Les résultats sont efficaces et peuvent être fulgurants.

Autodidacte pendant ces 20 ans passés, dus à ses épreuves de son passé santé, elle a repris ses études par le CNAM et des formations complémentaires liées à sa spécialisation.

En 2015, Béatrice Courau a écrit un article sur le sujet du stress, comment s'en débarrasser. De plus, plusieurs conférences lui ont été demandées sur le sujet.

En 2016, une association de l'hôpital Antoine Béclère (Clamart) lui demande d'intervenir auprès de personnes qui vivent le stress, le mal être sous la forme d'obésité.

Introduction
Pourquoi ce livre ?

En 2000, à la sortie du livre de Valérie Pinault Valencienne sur son histoire, son vécu, son témoignage : « Une cicatrice dans la tête », mon entourage m'a demandé, enfin... voulait m'imposer de lire ce livre pour une simple raison : J'avais eu un point commun avec elle : la même maladie.

Contrairement aux souhaits de ma famille, et comme je leur ai précisé, c'était plutôt à eux, l'entourage de le lire et non à moi qui me battais face à cette maladie.

Quand je leur ai précisé que ce livre les aiderait à se rendre compte que je ne racontais pas autant de « délires » qu'ils le pensaient, le plus étrange était leurs réactions car ils refusaient de le reconnaitre.

Vous trouverez à travers ce livre, mon aventure, mon témoignage à travers cette maladie, comment je l'ai vécue, comment je m'en suis sortie, ce que j'en pense aujourd'hui. De plus, je développe une trouvaille scientifique que j'ai détectée depuis plus de deux ans pour aider les personnes non opérables et simplement ce que je peux apporter aujourd'hui à ce public, son entourage mais aussi au reste du monde.

Chapitre 1
La vie avant, à l'intérieur du cocon

Mon enfance très bien vécue entre ma naissance à l'étranger, jusqu'à mes 13 mois ; suivi de la découverte de la campagne normande… ce qui changeait du sable tunisien aussi bien niveau température que couleur du sol. Dans ce village de Pays de Caux, Ouville l'Abbaye, tellement petit, que la scolarité se faisait sous la forme d'une maitresse pour deux classes. Là-bas, j'y étais que le temps de mon CP.

Ensuite, pour raison professionnelle de mon père, qui était ingénieur agronome (et non à Grenoble, comme je l'ai dit longtemps avec mon premier frère junior !), nous sommes restés en Normandie, mais à la ville : Rouen. La taille de la maison était nettement rétrécie par rapport à celle que nous avions à la campagne : au moins, nous n'étions pas en appartement et en option, nous avons eu un jardin qui avait une taille nettement réduite par rapport à celui de notre ancienne maison.

Pour mon entrée en CE1, mon frère Bernard et moi découvrions les écoles plus grandes au point où nous fumes dans deux classes séparées, ce qui n'était pas le cas à la campagne. Je me rappelle encore d'une fille de la classe qui voyant la nouvelle, qui était moi, me demandait le jour de la rentrée « tu es amoureuse de qui ? » alors que je ne connaissais encore personne. J'en ai montré un, certes au pifomètre, mais quand même beau et grand !

L'épilepsie a fait son arrivée dans ma vie à l'âge de 7 ans, pendant cette année en CE1 et plus exactement sur le plongeoir de la piscine de Rouen pendant un des premiers cours de natation avec l'école. Les seuls souvenirs que j'ai, sont la position plongeon sur le plongeoir et l'épisode suivant est directement allongée par terre avec bouteille à oxygène et les pompiers autour de moi. Pendant que j'étais dans la position plongeon, j'avais peur de rater mon plongeon et surtout de ne pas bloquer ma respiration au point où l'eau me fasse mal au nez…

J'en ai donc déduit qu'entre ces deux épisodes, même si je ne me suis rendue compte de rien, et cela m'a été confirmé par les autres élèves de la classe ou les maitres-nageurs, mon plongeon a eu une forme spéciale : une crise d'épilepsie, donc, ils ont dû aller me chercher au fond de la piscine… Depuis cet épisode, j'ai eu interdiction de nager pendant toute ma scolarité… c'était plus que dommage parce que j'ai toujours adoré la natation, le contact avec l'eau !

A partir de cela, j'ai commencé la série des examens médicaux sous la forme d'EEG (Electro Encéphalo Gramme) et traitement. A cette période-là, ceux-ci étaient légers par rapport à ce que j'ai reçu plus tard… ce n'était que de l'Alepsal mais qui était largement suffisant pour me transformer sous l'aspect « zombie ».

Hormis cette crise, la maladie a pris une autre forme plus légère sur certains points : des malaises. La différence est qu'en général, je continuais l'activité du moment que ce soit durant les heures de classe, ou à la maison, ou pendant une activité sportive, avec de la famille ou chez des amis,… Le seul hic qui démontrait la présence d'une absence (ou malaise) était que je ne répondais pas aux questions que l'entourage me posait. Parfois, je leur répondais « Chépa » (je ne sais pas) ou « froid, froid, froid », ou rien du tout mais en haussant les épaules.

Certains de ces malaises apparaissaient après un jeu de mon frère, Bernard : lequel de nous deux arrivera à mordre le plus longtemps de la laine (nos pulls). Dès que j'ai tenté, malaise par cette montée de frissons et cet aspect répétitif « froid, froid, froid », en haussant les épaules. J'ai donc très vite arrêté ce jeu. Mon frère a tenté à plusieurs reprises de le faire juste devant moi pour voir mes réactions… Constat : que ce soit moi ou quelqu'un d'autre qui faisait cet acte de mordre de la laine sous mes yeux, un malaise arrivait toujours sous cette forme.

Tant que j'étais en primaire, l'aspect des malaises étaient légers, toujours sous cette forme (« froid, froid, froid », ou rien du tout mais en haussant les épaules).

En période de vacances, bizarrement, il y en avait moins… quelle que soit les régions dans lesquelles je passais mes vacances : bord de mer breton ou campagne ardéchoise.

Arrivée en 6e, les parents ont déménagé en cours d'année, ce qui nous (leurs 4 enfants) a permis de découvrir une région complètement différente. Nous avons déménagé à Chambéry. Changer d'école en cours d'année scolaire n'a pas été très facile… Donc au pied des montagnes, il y a eu des hauts et des bas, pour découvrir les meurs locaux, que ce soit à l'école, le quartier où nous habitions et aussi simplement le fait de passer d'une grande maison à un appartement.

Pour finir cette année de 6e, nous (mon frère Bernard et moi) avons été placés dans une école de cancres, à l'extérieur de la ville. Au moins, nous restions souvent ensemble le temps de faire chacun notre trou dans nos classes.

Ensuite, de la 5e à la 3e, nous fumes dans une école plus proche. Les malaises apparaissaient bizarrement dans les matières pour lesquelles j'avais plus de mal à mémoriser, en particulier celles où il fallait apprendre par cœur comme particulièrement l'histoire. Le sport était une des seules matières pour laquelle j'avais un 20 au niveau des examens, enfin en endurance, et les moments où il fallait prendre notre pouls, je me retrouvais par terre. Les autres élèves venaient me voir à propos du bon classement dans les résultats. Je leur répondais simplement que ce serait mieux que je sois encore consciente jusqu'au bout pour la prise du pouls… parce que je commençais à en avoir marre de ces crises à chaque fois que nous étions notés en endurance.

A cette période-là, je me rendais compte qu'avoir des malaises, même légers provoquaient un écart, un rejet par une grosse partie des « amis » de classe. Théoriquement amis, parce que nous nous connaissions par nos parents. En réalité, le comportement de certains d'entre eux était le rejet parce qu'eux, n'avaient aucun problème de santé pour certains, et pour d'autres parce qu'ils étaient enfants de médecins réputés ou simplement parce que je n'étais pas aussi efficace qu'eux dans tel ou tel sport, ou même ne pouvais pas pratiquer l'une ou l'autre de ces activités par peur d'avoir un malaise ou une crise automatiquement.

Ce qui m'a le plus énervé et étonné, était le comportement de la direction de l'école au moment de la fin de 3e, à la période des décisions de passages en classe supérieure.

Alors que j'avais la moyenne, le directeur de l'école avait décidé de me faire redoubler !

Vu que je pressentais la raison de sa décision discriminatoire, j'avais pris un rendez-vous avec lui seule, sans mes parents. J'étais déterminée à faire changer d'avis ce directeur... pas réussi. Le plus étonnant, pour une personne directrice d'école est que les années suivantes, dès qu'il me croisait dans la rue, s'est mis à changer de trottoir comme si j'étais contagieuse. C'était la première fois de ma vie que je voyais des adultes avec ce type de comportements.

Bien sûr, durant ma deuxième 3e, je n'étais nulle part motivée à travailler plus vue la raison de ce redoublement imposé. A la fin de l'année, j'avais une moyenne à peine plus haute et là, le directeur, fier de sa décision discriminatoire, m'a laissée passer en 2nde.

Vu que le lycée dans lequel je suis passée était celui qui recevait principalement 90 % des élèves de ce collège, les directeurs se connaissant très bien, je me suis rendue compte à la fin de la seconde la même scène. Je voulais faire absolument une seconde scientifique afin de viser une 1ere et terminale C ou D. Ma maman, elle, avait tenté de me faire faire une seconde toujours avec des chiffres, donc des mathématiques, mais soit disant moins difficile, la gestion... résultat des courses : redoublement imposé. Même sketch que 2 ans avant.

Comme je me suis rendue compte qu'il n'était pas possible de discuter avec ce directeur, j'ai demandé de partir en pension… non seulement pour m'éloigner de ces directeurs néfastes, qui se basent sur la santé de l'élève pour prendre leur décision et non pas sur les résultats réels… Le pire était que ces directeurs, en plus directeurs d'école privée, donc soit disant plus compréhensifs que ceux du public en démontraient l'inverse totale : « Je suis ouvert à une seule et même condition : c'est que je ne sois pas dérangé par l'image de la maladie de tel ou tel élève » : où est l'ouverture d'esprit ?

Cette décision de partir un peu plus loin était aussi pour d'autres raisons comme par exemple m'éloigner de ces envies de penser qu'au sport comme par exemple en hiver, avec mon frère Bernard, dès notre arrivée à Chambéry, nous regardions à quelle heure nous finissions nos cours afin de calculer le temps de monter à la première station de ski et savoir en fonction des horaires quel sport nous allions pratiquer : ski de piste si les remonte-pentes étaient encore ouvertes, et sinon, du ski de fond pour défouler nos surplus d'énergie.

En période moins froide comme l'été et l'automne, enfin jusqu'à mi ou fin septembre, pratiquement tous les soirs, nous négocions un détour au bord du lac du Bourget. Nos discussions, sur nos trajets d'école était de savoir s'il y avait du vent ou pas, si vous preniez nos planches à voile ou pas.

Tout en faisant un choix pour l'école idéale, qui me permettrait de rebondir suite à ces 2 directeurs discriminatoires, s'est rajouté le choix du bac. Je voulais toujours faire un bac C ou D.

Ma maman pensait que ce serait trop difficile pour moi. De ce fait, elle m'avait inscrite dans un bac technique qui, à ses yeux (et comme aussi à la vue générale de toute personne en bonne santé – 0 soucis de santé – arrivant facilement à faire un bac C ou D), serait nettement plus faible, plus facile que le bac « normal » c'est-à-dire C ou D. Ainsi, j'ai été inscrite dans une école en pleine campagne de la Drôme, avec vue sur aucune montagne ou plan d'eau : Châteauneuf de Galaure. Le bac « choisi » fut un BTA labo (Bac Technique Agricole spécial Laboratoires). Contrairement à ce que pensaient les personnes qui faisaient leur bac C les yeux fermés, celui auquel j'ai été inscrite était plus difficile pour la simple raison suivante : le programme réel était celui des bacs C, D et E ainsi que le programme de bactériologie des étudiants en médecine. « C'est tout ! »

Niveau santé, plus je montais dans les études, plus le nombre de malaises augmentaient.

Les crises, elles, environ une fois par an, spécialement les jours d'examen d'endurance. En dehors de ces jours-là, les crises apparaissaient après des journées d'exercices physiques comme par exemple des randonnées en très hautes montagnes… déduction : je m'obligeais à calculer si l'altitude à laquelle j'allais monter en été ou en hiver était encore correcte ou au contraire, allait me provoquer systématiquement une crise.

Etre sportive, mais sans pouvoir pratiquer à fond les diverses activités, ce n'était pas toujours agréable.

Certes, l'avantage était que j'avais souvent un 20/20 en endurance à l'école, quelle que soit le niveau de classe, mais même si ce n'était pas mon but de finir les courses dans ces états-là, je finissais hélas par terre avec en option l'aspect tremblote « qui-fait-peur-à-tout-le-monde » : une crise d'épilepsie.

En période de collège, c'était environ 10 malaises par mois. Durant cette période, il y a eu l'épisode scoliose. Avec les médecins, nous avons cru que cette dernière pouvait accentuer le « quota » mensuel de malaises…

Alors, j'ai eu le droit à un « beau » plâtre corset pendant deux mois… Au moins, en regardant les aspects positifs de cette armure qui avait une longueur allant du bassin jusqu'au niveau au-dessus de la poitrine : maigrir sans le vouloir… tous les kilos pris pendant l'été précédent, en vacances derrière une usine bretonne de biscuits, se sont tous « envolés », ont fondu. L'autre avantage, était un inconvénient pour les personnes qui voulaient me donner des coups de pieds dans les fesses. Une de ces personnes s'en rappelle encore aujourd'hui… C'est son pied qui a eu la plus grosse douleur, moi, je n'ai rien senti du tout ! Ce plâtre corset a été suivi d'une longue durée de corset métallique (nous pouvons voir entre cette période et aujourd'hui, les améliorations des outils médicaux qui de nos jours paraissent plus esthétiques). Bref, même si le nombre de malaises ont diminué, cette période rigide derrière ces armures, a été très bénéfique niveau ligne. Pas repris un gramme pendant de très longues durées.

Arrivée au lycée, je suis passée au « score » de 15 malaises par mois. J'en ai eu un peu marre.

Niveau suivi, je voyais rarement les médecins, tous les 6 mois à peu près ou une fois par an juste pour faire un bilan annuel (EEG = électroencéphalogramme principalement, ce fameux examen où on a l'impression d'avoir une pate faite avec du gros sel et du sable sur la tête… très pratique à enlever en particulier pour les personnes qui ont une chevelure épaisse, comme moi !) en faisant un point. Niveau traitement, j'ai eu le droit à la succession de tous les traitements qui étaient tous à leur tour, le meilleur du moment : Dépakine, Tégrétol,… J'ai même fait partie de ces personnes qui ont eu le rôle de cobaye en France pour un des traitements : le Sabril. D'après le médecin qui me suivait à ce moment-là, à Chambéry, c'était le médicament miracle, sûr de lui que je n'aurais plus du tout de malaises ou crises…

Pourquoi cobaye ? Parce qu'une fois que les médecins nous ont appris que ce traitement (à cette période-là) ne se trouvait que dans les pharmacies d'hôpitaux, ça voulait simplement dire qu'il n'était pas encore reconnu efficace… et il fallait donc trouver des personnes sur qui le tester… j'en fis donc partie ! Aujourd'hui, je sais que ce médicament est trouvable en pharmacie.

Hormis ces diverses épisodes santé, mon quotidien était aéré par les activités sportives que je pouvais pratiquer en fonction du moment, des temps de repos, avec les amis par moment et d'autres périodes où j'étais un peu obligée de rester cloitrée à la maison, ne pouvant faire que des loisirs qui ne provoquaient pas le moindre symptôme… De ce fait, je me suis mise très tôt à la couture au point de faire pratiquement tout mon dressing. J'en ai fait tellement à ces périodes dites de repos vis-à-vis de cette épilepsie, qu'aujourd'hui, je n'en fais pratiquement plus. En tout cas, je ne fais plus tout le garde de robe familial.

A la fin de terminale, s'est rajoutée une problématique complémentaire : le choix des études supérieures !

Pourquoi emploie-je le terme problématique ?

Déjà à cette période, je voulais faire des études plutôt

longues de type management, direction d'entreprise et/ou des études de médecine ou paramédical, en particulier.

Ma maman, elle, voulait plutôt que je fasse une formation de type ESF : pas l'Ecole de Ski Français mais l'Ecole Social et Familial… ce qui n'est pas du tout la même chose !

Pourquoi me parlait-elle de cette formation ? Pour que je sois la mère de famille parfaite. Je trouvais cela ridicule de faire une formation pour cela. C'était dans son objectif de me « caser » au plus vite… parce que la plupart des cousines se sont mariées entre 18 et 25 ans. J'avais beau lui préciser que ce n'était pas ma priorité tant que j'étais malade, rien à faire : dès que je connaissais un garçon, j'avais sa pression qui se rajoutait.

J'ai dû choisir des études courtes pour éviter de continuer à faire grimper mon score mensuel de malaises et le score annuel de crises. J'ai commencé par faire un « breack » dans les branches médicales puisque des infirmières et des médecins, j'en voyais suffisamment. Je les aime bien pour leur travail, mais me retrouver des deux côtés en même temps : étudiant donc pour en devenir professionnel tout en n'ayant pas fini le rôle de patiente, malade même si certains des postes étaient de profil études courtes, j'ai pris de la distance au niveau des études. J'ai donc pris la résolution de commencer ma carrière par un rôle d'assistante de direction puisque ces études ne duraient que deux ans, en théorie.

Je suis donc montée à Paris pour commencer mes études supérieures. La première année, niveau santé, j'ai appris qu'il existait une autre solution de guérison : l'opération. Il s'agit donc d'une opération du cerveau. Cela ne se fait pas aussi rapidement que certaines autres interventions chirurgicales. La liste des examens est nettement plus longue que pour une simple appendice ou réparation d'entorse.

Ma première année de BTS a été sous la forme d'une alternance spéciale entre l'école La Femme Secrétaire, dans le 7ᵉ arrondissement aux périodes de cours, l'hôpital Edouard Herriot, à Lyon pour une grosse partie des examens, déroulés pendant certaines des vacances scolaires ou aux périodes dites de stages en entreprise et à l'hôpital de La Tronche Grenoble pour « finir en beauté » cette année.

A Lyon se sont déroulés 90 % des examens. Certains basiques, connus comme les EEG et IRM. Ensuite, les examens barbares en appellation et type de pratique sont arrivés. Le petscan fait partie des noms que j'ai entendus pour la première fois à Lyon, jamais avant à Chambéry. Il s'agit d'un examen, plus pointu qu'une IRM durant lequel les médecins envoient du produit radio actif dans le cerveau afin d'affiner l'emplacement de la zone qui « bug », qui disjoncte. Je ne vous dis pas dans quel état la personne se trouve après ce type d'examen, et pas seulement pendant quelques heures, mais quelques jours : plus que zombie, sous surveillance renforcée : la tête qui tournait nettement plus qu'après une grosse crise, tellement d'étoiles que je ne pouvais pas me lever aussi facilement qu'en temps normal.

Suite à un moment de repos chez mes parents, j'ai pu effectuer un stage réellement en entreprise. Il est vrai que le fait qu'un des dirigeants me connaisse, il savait à quoi correspondaient les éventuelles lenteurs que je pouvais avoir à certaines périodes de la semaine ou journée.

Le dernier examen s'est déroulé à Grenoble parce qu'il

n'existait à ce moment-là, en 1994-95, qu'à Grenoble (CHU La Tronche) : les électrodes intérieures.

La différence avec le petscan, c'est que là, les docteurs étaient obligés de m'ouvrir le crâne pour faire cet examen. La première épreuve plus difficile a été au niveau des cheveux. Le médecin m'avait dit la veille de la pose des électrodes que le lendemain, ils allaient me couper les cheveux, qui à cette période-là étaient mi longs… « Surprise du chef » : ils m'ont rasée. A cette période, j'aurais préféré entendre les médecins préciser qu'il s'agissait de raser, qui pour moi n'avait pas la même signification que couper…

Suite à cet épisode pas très facile à digérer sur le moment, j'ai eu le droit à la douche à la Bétadine jaune. C'est à cette période que j'ai découvert ce type de pratique, permettant de bien désinfecter la personne de la tête aux pieds avant d'entrer en salle d'opération chirurgicale.

Pour poser ces électrodes intérieures, il fallait un système de repérage par rapport au jour de l'opération au cas où elle pourrait avoir lieu. Pour ceci, après m'avoir bien endormie, l'équipe chirurgicale a commencé donc par me raser, puis me fixer un cadre métallique sur la tête. Une fois que celui-ci était bien vissé sur ma tête, ils ont introduit dix électrodes intérieures, longues de 10 cm chacune, dans mon cerveau, au niveau de l'hémisphère gauche puisque les examens précédents avaient pu repérer que le bug, le « moteur » de mes malaises, absences, crises viendrait de cette zone.

Dès le lendemain, je me suis retrouvée avec 10 « longs cheveux spéciaux » : ces électrodes. La « mission » du moment était de me brancher sur des machines d'électro encéphalogramme dans une pièce autre que ma chambre, tous les jours du matin au soir (après le petit déjeuner, quand même !) dans le seul et unique but d'attendre que je fasse un malaise ou crise.

Les heures passent, les jours passent, les semaines passent… toujours rien, pas le moindre symptôme à l'horizon. Heureusement, j'avais régulièrement pour ne pas dire presque quotidiennement des visites d'amis ou de la famille habitant le coin grenoblois. Ceci me permettait de ne pas voir les journées passer. Lors des passages de mes parents, nous faisions des jeux de sociétés et en particulier le scrabble. C'était ma manière d'entretenir ma mémoire, lui faire pratiquer sa gymnastique quotidienne, surtout à cette période.

Au bout d'un mois, vu que mon emploi du temps était d'un calme plat, donc pas de stress, pas de pression scolaire ou familiale, rien ne pouvait déclencher ce que nous attendions tous à ce moment-là. Les médecins ont donc décidé que je ne prenne pas mon traitement du soir au moins une fois. Bingo ! Une crise déclenchée le lendemain ! Les électrodes intérieures ont pu être utiles : préciser au micromètre près la zone concernée. Pour vérifier, j'ai eu un deuxième soir sans traitement. Le lendemain, une fois dans « ma salle de travail », branchée aux machines : deuxième déclenchement de crise ! Youpi, les médecins étaient très contents !

Ceci a pu leur préciser qu'est-ce qui « ne tournait pas rond », disjonctait dans mon cerveau : c'était ma mémoire gauche. Une autre précision qu'ils cherchaient à avoir par ces électrodes intérieures, est le fait de savoir si la zone en question touchait ou pas le sens du langage. Ils ont pu avoir l'entière confirmation que ce n'était pas le cas.

Dans cet hôpital de La tronche Corenc, la personne se

fait opérer que dans une seule et unique condition : la zone infectée, disjonctée ne touche pas le sens du langage. J'étais donc dans ce cas de figure.

Ainsi, une fois confirmation faite, il ne restait « plus qu'à » trouver une date pour me faire opérer. Vue qu'une grande partie des examens ont été faits à Lyon, à Edouard Herriot, j'avais la possibilité de me faire opérer à Lyon ou à Grenoble, qui à cette période-là étaient dans les rares hôpitaux français (il y en avait que 5) où ce type d'opération existait.

Pendant que je me faisais retirer les électrodes intérieures, j'ai pu avoir des précisions sur les différences de pratique entre les opérations faites à Lyon et celles faites à Grenoble (La Tronche-Corenc). Le personnel qui me dévissait les longs cheveux électroniques me racontait dans les détails ce qu'il faisait (là, je dévisse, j'enlève les électrodes, je recouds, etc…) en me précisant que la chirurgie neuro, c'est comme du bricolage : ils ont commencé par percer le crâne avec une perceuse ultra fine, aux emplacements choisis des électrodes, mis des pas de vis, puis vissé chacune pour qu'elles tiennent le temps qu'il fallait pour cet examen qui a duré un mois. Là, toujours comme un bricoleur, il dévissait, enlevait les pas de vis, les électrodes, recousait et me faisait de beaux pansements discrets… et combien coûtaient ces matériaux de pointe. Dès que j'ai appris le montant que j'avais sur la tête, j'ai dit à cet infirmier ou médecin que j'aurais préféré avoir ce chiffre sur mon compte bancaire et non sur le crâne !

Pour les détails de l'opération : si je me faisais opérer à Lyon, c'était au laser. Si c'était dans cet hôpital de Grenoble, c'était à la méthode « bricolage » : on ouvre le crâne, on retire la partie du cerveau qui disjoncte, on referme le crâne coté osseux et recoud la peau du crâne.

Finalement, le choix de l'hôpital dans lequel je me suis fait opérée s'est fait pour deux raisons : le plus proche et en option, c'est celui dans lequel il y avait le meilleur neurochirurgien de France et d'Europe à cette période-là, en 1995, qui aujourd'hui, est le meilleur du monde : Professeur Benabid.

Quand les parents ont entendu le nom, ils ont eu une réaction que je trouve un peu choquante : « Oooh, Benabid, ce nom n'est pas très catho ! C'est même plutôt juif ! » Etonnée, je leur ai répondu : « ce n'est pas la religion d'origine du chirurgien qui compte pour une opération de pointe comme cela, dans ces professions mais plutôt les compétences, quota de réussite et surtout la réputation ».

La date d'intervention « finale », c'est-à-dire l'opération a été programmée en août 1995. Entre ce dernier examen et l'opération, cela coïncidait, côté de mes études supérieures, à une période de stage et/ou vacances. Rentrée de l'hôpital, je me suis reposée quelques jours avant de reprendre le chemin de l'école.

La prise des métros parisiens a été plus difficile sur un point : me retrouvée rasée dans les transports en commun a été la pire des horreurs : tout le monde me regardait comme si j'étais la seule au monde à avoir ce type de coupe. Vue que j'étais dans une école féminine, les coupes de l'ensemble de l'école variaient entre les cheveux courts, ou carrés ou longs mais rasée, pas une de plus que moi.

Comme l'ensemble des élèves et professeurs bien sûr, savait que j'avais un « régime spécial » cette année-là, ce n'est pas à cet endroit que j'ai eu le plus de commentaires désagréables, mais dans tout système de transport en commun que ce soit métro ou bus. Dans la rue, moins parce que je me débrouillais pour prendre des grands axes où il y avait moins de monde… cela facilitait le problème.

Vu que j'habitais le 15e arrondissement et mon école était au milieu des ministères dans le 7e arrondissement et en particulier proche du ministère de la Défense, c'est bizarrement le quartier où j'ai été le moins jugée pour une simple raison : ceux qui avaient la même coupe que moi faisaient la différence entre une coupe rasée parce que cela fait partie de leur tenue, leur uniforme et la personne pour qui, c'est une traversée de la vie d'ordre médical. J'ai compris leur raison un jour où j'ai entendu deux gendarmes, en face de qui se trouvait une femme crâne rasé et coloré vert pétard, dire « on voit bien la différence entre une femme rasée pour une mode et celle qui l'est par obligation santé ». C'était tellement agréable d'entendre ce genre de phrase au milieu des regards destructeurs croisés dans les transports ! Que j'en ai pris très vite l'habitude, de faire mes trajets à pieds en passant par ces grands axes comme l'avenue de Breteuil et le boulevard des Invalides et parfois même la traversée des Invalides, au moins tant que j'ai eu les cheveux très courts, rasés.

Durant cette année-là, tant que j'étais à Paris, je ne suis pas beaucoup sortie à des soirées tant que j'avais cette coupe… hormis voir certain-e-s ami-e-s ou cousinades qui étaient au courant. La seule différence avec les autres, était que je ne pouvais pas boire (d'alcool) ou fumer comme eux. Concernant le tabac, je trouvais avoir suffisamment de médecins à mes côtés, je n'avais pas envie de faire connaissance avec le service de pneumologie !

La fin de l'année d'études arrivait, chacune des élèves

partait en vacances de son côté... des vraies vacances.

Me concernant, j'avais surtout le mois de juillet pour me changer les idées avant ma date buttoir d'entrée à l'hôpital CHU de Grenoble. Pendant ce mois-ci, vacances iodées en Bretagne, puisque c'était aussi l'endroit où mon nombre de malaises diminuait de manière impressionnante : environ dix fois moins qu'en période scolaire ou étudiante... Cherchez l'erreur... J'ai fait le plein d'activités nautiques entre planche à voile, mini croisière, simples baignades à volonté pendant tout ce mois, entourée de la grande brochette de cousins... avantage de famille nombreuse.

Arrive ensuite le retour dans la région Rhône-Alpes pour une « pension » spéciale : à ce cher hôpital CHU de Grenoble. Je savais quelle était ma date d'entrée mais pas celle de sortie car cette dernière variait en fonction des réactions de la personne suite à l'opération.

Veille de l'opération « tip-top », ou finale, j'arrive dans cette grande tour, grande entrée de l'hôpital pour commencer par les administrations, savoir dans quel service je devais commencer ce séjour. Premier soir à l'étage spécial préparation opératoire. Le soir même, j'ai eu le droit au dîner spécial veille d'intervention et la douche à la Bétadine : se doucher avec du liquide à couleur et goût de caramel, c'est spécial !

Le lendemain matin, changement de programme de dernière minute : lors du passage du Professeur Bénabid dans ma chambre pour se présenter mais surtout pour m'annoncer le report de l'opération une semaine plus tard pour une simple raison : il était enrhumé et ne voulait surtout pas me contaminer ou que son rhume provoque une complication. Le message était tellement clair que j'ai accepté ce report.

Pendant cette semaine de report, je suis allée me ré-oxygéner en haute montagne, afin de prendre le maximum l'air tout en évitant d'avoir une vue sur Grenoble, en particulier son hôpital.

Semaine passée, me voilà de retour à l'hôpital. Je retrouve le personnel du service « prépa intervention neurochirurgicale ». J'ai tenté de négocier, faire éjecter les tâches obligatoires de veille d'intervention comme le dîner ultra léger, sans sel et surtout la fameuse douche shampoing à la Bétadine. Certes la couleur caramel peut paraitre sympa, mais il y a un effet qui fait que j'évitais de repasser sous ce liquide bizarre.

Le lendemain, début août 1995, départ dans le bloc opératoire pour me faire enlever définitivement la zone qui disjonctait, qui avait décidé de m'embêter sous les formes de malaises, absences et crises d'épilepsie. L'opération a été longue, très longue même, ce qui est plutôt normal vue la zone concernée.

Suite à l'opération, qui heureusement s'est très bien passée, je suis restée d'abord en salle de réveil avant d'aller retrouver ma chambre. Le fait de savoir se faire ouvrir le crâne… donne un sacré mal de tête les premiers jours. Tant que j'avais les diverses perfusions aiguilles sur moi, j'étais sage vue que je ne pouvais pas bouger.

Dès que les aiguilles et les tuyauteries m'ont été retirées, j'ai très vite changé de décoration dans la journée : en dehors des heures de repas et des passages d'équipe des Professeurs, médecins et de leurs internes, j'étais 95 % du temps dehors, dans le parc de l'hôpital à profiter de l'air d'été, soleil et ombres naturelles. Je recevais beaucoup de visites.

Au bout de 15 jours, j'étais suffisamment rétablie pour sortir de l'hôpital. L'équipe du personnel qui m'avait suivie avait repéré que j'avais eu un des plus rapides rétablissements par rapport à ce type d'intervention. En général, les personnes sortant de cette opération, restent en moyenne un mois.

Le jour où je devais sortir, j'étais invitée au mariage d'un cousin. Même si j'avais dit aux médecins que je resterais calme (comme une image), éviterai ou (ferai l'effort de ne pas) aller danser, et surtout éviter d'être vers les baffles,... rien à faire, ils ont préféré me garder au chaud à l'hôpital et me libérer le lendemain parce qu'ils sentaient bien que j'avais envie de faire la fête même si mon opération était toute fraiche.

Le lendemain, libérée, repartie. A cette période-là, je me disais guérie parce que je ne ferais plus de crise, malaises, absences… Au moins, c'était un premier pas de la guérison !

Chapitre 2
1er épisode de guérison

A peine rentrée de l'hôpital, ma mère a eu la grande idée de me dire : « maintenant que tu es guérie, il faut que tu ailles voir un psy ! » qu'il soit psychiatre ou psychologue.

Elle et moi étions encore sur le trajet entre l'hôpital et la maison de mes parents, à Chambéry. J'ai été tellement étonnée de l'entendre me sortir ce genre de phrase que je trouvais complètement destructrice, ne montrant nulle part que j'étais sur le chemin de guérison. Choquée de cette réaction, je me suis mise en colère lui demandant pourquoi elle aurait attendu ce moment-là pour me faire ce type d'annonce alors que nous habitions à côté d'un grand hôpital psychiatrique.

Le temps que l'été se finisse, je suis restée au calme chez mes parents, à Chambéry, donc, j'avais bien compris : éviter des soirées qui ne finissent à pas d'heure, tant que le crâne était encore avec diverses pansements aux emplacements du cadre et de la zone ouverte pour l'opération.

La période de rentrée arrive, je me suis donc préparée,

bien reposée, à reprendre le chemin de l'école à Paris. Un léger détail s'était rajouté dans mon quotidien au niveau linguistique : je ne pouvais plus entendre le mot « cerveau » ainsi que « mémoire » dans le vocabulaire utilisé par n'importe quelle personne qui souhaitait des nouvelles.

Niveau alimentaire, j'ai mis en prioritaire pendant quelques années, les diverses ingrédients, aliments spécialisés pour améliorer, retrouver une parfaite mémoire comme les carottes, les pommes et le poisson comme si cela devenait mon carburant.

Pour éviter de redoubler cette première année, j'ai certes refait le même BTS mais en alternance, ce qui m'a permis une variante par rapport aux professeurs que je connaissais et par peur de m'ennuyer !

D'autre part, j'avais souhaité prendre cette option alternance pour éviter de ruiner mes parents qui, je pressentais, avaient du mal à boucler leurs fins de mois. L'autre avantage était pour moi, mon premier salaire… Ce qui changeait tout. Durant l'année, la différence de comportement entre les filles qui étaient 100 % élèves, et celles qui étaient déjà sur le statut salariées était très visible.

Ce qui a été difficile pour moi cette année, était spécialement les cours d'anglais. J'ai pu découvrir que l'anglais, que j'aimais bien et matière pour laquelle j'avais une bonne moyenne l'année d'avant, avait « disparu » radicalement de mon cerveau. La professeure d'anglais avait tenté de me faire parler, et je n'y arrivais pas, je sentais un blocage auquel je ne m'attendais pas du tout. Elle a donc tenté à plusieurs reprises, y compris avec une phrase toute simple que j'arrive à prononcer facilement aujourd'hui, mais pas du tout à cette période-là : « The cat is black ».

J'ai commencé à entrer dans une longue période de la honte parce que je n'arrivais plus du tout à parler anglais. Tellement bloquée que je me suis rendue compte qu'il fallait que je recommence à apprendre depuis niveau apprentissage (niveau 6e à cette période-là, qui aujourd'hui, est au niveau maternelle). La honte de cet état m'a lancée dans une série de colères, dégoût contre ce traumatisme. L'entourage de l'école et parfois personnel se moquait de moi à cause de cela. Je trouve cela pas malin du tout. J'aimerai bien les voir traverser un traumatisme de ce style, je ne pense pas qu'une autre personne souhaiterait passer par là.

Ayant des cousines américaines à Paris, j'ai tenté de voir si me retrouver au milieu d'elles, régulièrement, m'aiderait à retrouver cette langue que j'ai donc toujours aimée qui, parce que tout en étant en France, elles se parlent en américain ainsi qu'avec leurs parents. Les mots sont revenus mais à un niveau très restreint.

Durant cette formation en alternance, j'ai travaillé dans un grand organisme considéré comme semi public, semi privé, « l'Assemblée Nationale » des Chambres d'Agriculture. Son nom exact est l'assemblée permanente des chambres d'agriculture. C'est une adresse très sympathique pour travailler, avenue Georges V. Lieu que j'ai pu avoir par mon père puisque l'un des premiers directeurs pour qui j'ai travaillé, m'avais connue enfant car il était un ancien collègue de mon père.

Pendant les deux ans, cela m'a permis de découvrir les diverses services, tous assez différents les uns des autres, comme par exemple : service juridique, service commercial et là où j'ai été le plus étonnée, c'est celui des affaires étrangères car je n'avais que du contact français... par rapport à ma problématique du moment. Durant ces deux ans, j'ai croisé Michel Barnier un des jours où il avait des réunions dans un de ces bureaux prestigieux. Comme il avait travaillé longtemps avec mon père en Savoie, en particulier à la période des jeux olympiques 1992, il m'avait reconnue en disant : « ce n'est pas la peine que tu te présentes, tu es la copie conforme de ton père »… C'était facile, puisque j'avais encore la coupe courte, rasée, de l'opération… et là, à cette période, effectivement, toute personne qui connaissait mon père pouvait avoir l'impression que j'étais son clone, copie conforme… au point où sur la photo de son permis de conduire, il fallait savoir qui de nous deux y était ! La réponse se trouvait au niveau du prénom et de l'âge !

Suite à la sortie de ma formation en alternance, j'ai dû me trouver des postes pour lesquels l'anglais n'était pas obligatoire : travailler dans des sociétés françaises « 100 % françaises » !

Comme je n'étais pas gardée à l'APCA, mais c'était négocié sous cette forme : les DRH avaient accepté vues mes conditions de santé de la période de me garder durant les 2 ans de formation alors qu'il n'y avait pas de poste après.

Je n'ai jamais mis beaucoup de temps pour trouver un poste au point où je ne comprenais pas à quoi cela servait que je m'inscrive au chômage puisqu'en général, je retrouvais du travail avant même que je reçoive les papiers d'inscription.

A peine sortie de l'école, une première proposition de très bon poste m'était proposée : assistante trilingue d'un président dans une marque de luxe. Je revois, réentends la réaction d'au moins un de mes frères en train de dire : « Ah bah, oui, bien sûr, tu es tout à fait trilingue, mais trilingue français, français, français ! »

Quand j'ai su le nom de la première société qui a accepté de me recruter, j'ai souri parce que c'était un milieu que je connaissais un peu : l'école d'ambulanciers de l'Ordre de Malte. Initialement, j'ai été recrutée comme assistante.

A la même période, mes neurologues avaient décidé de commencer à diminuer mon traitement, qui à cette période-là était de deux médicaments.

A la fin de la période d'essai, la veille du jour où je devais signer mon premier contrat à durée indéterminée, sur mon trajet retour, une crise est apparue. J'étais dans la rue, rue du commerce exactement, dans le 15e devant une boutique qui, aujourd'hui existe encore. J'ai surtout découvert à travers cette crise quel est le rôle d'un parechoc quand une personne tombe dessus : envoyer la personne sur la voiture de devant ou de derrière sous l'aspect ping-pong jusqu'à ce que mon corps tombe complètement au sol. La responsable de la boutique devant laquelle le « spectacle » se déroulait, a donc appelé les pompiers.

Une fois que ces hommes sont arrivés, j'ai eu le réflexe de vérifier si je ne me faisais pas ramasser par certains des élèves que je voyais dans la journée à l'école d'ambulanciers car beaucoup d'entre eux étaient, dans la vie de tous les jours des pompiers de Paris ! De plus, comme je voyais les adresses de chacun, ça m'aidait à savoir qui aurait été susceptible de me ramasser ce jour-là. Vue que c'était la première crise depuis l'opération, j'ai découvert quelques points qui ne m'arrivaient pas de la même manière qu'avant l'opération. Par exemple, j'entendais et comprenais très bien les questions, mais n'arrivais pas tout de suite à répondre alors que j'avais la réponse sur le bout de la langue. Vu que je ne répondais pas, les pompiers pensaient que je ne captais rien. Ils se sont donc mit à raconter des délires masculins qui ont l'air même très courants dans ce type de profession. Comme j'ai très bien compris leurs phrases de fantasmes ou stratégies de séductions annoncées, j'ai souri et réagi. Ainsi, certains se sentaient moins malins et d'autres ont tenté de rediscuter avec moi jusqu'à l'hôpital, trajet habituel pour eux. Que ce soit avec les pompiers ou le personnel de l'hôpital, quand j'ai eu la question sur mon activité à ce jour, j'ai commencé par sourire en faisant un peu la moue. Tant que je n'avais pas annoncé la réponse, personne comprenait pourquoi je faisais cette tête… Mais une fois avoir dit que je travaillais à l'école d'ambulanciers,… là, ils ont tous compris pourquoi je souriais !

Arrivée à l'hôpital, j'ai été gardée au « chaud » jusqu'au lendemain matin afin de me mettre une belle décoration autour du cou : une minerve !

Le lendemain matin, je devais signer mon premier CDI. Vu que j'allais arriver en retard à cause de ce contraste, mon père a appelé l'employeur pour le prévenir tout en utilisant le mot « malaise ». Ainsi, quand je suis arrivée au bureau, j'ai eu un interrogatoire de la part du directeur comme si j'avais fait quelque chose de très mal. Certes, c'était un ancien commandant CRS mais quand même, nous n'étions pas dans un commissariat et d'autre part, tout le monde a son propre stress. Bref, la théorique signature de CDI s'est transformée en mise à la porte à cause de symptôme : crise de la veille au soir. Je revois la personne que j'avais remplacée se moquer de moi pour cette raison. Deux ans plus tard, elle aussi a été licenciée pour la même raison :

problème de santé.

Le plus scandaleux dans cette affaire est que c'est un organisme, une association qui se fait connaitre pour du soit disant humanitaire mondial... mais j'aimerai savoir comment une société de ce type-là, peut virer son personnel pour raison santé alors qu'ils font tous les ans des quêtes, demandes de dons pour la santé dans le monde. Ce qui montre que même dans ces réseaux, les gens voient les épileptiques pour des individus pires que la lèpre, ou peste... je n'ai eu aucune explication valable de leur part. Depuis ce jour-là, je ne donne pas le moindre centime à cet organisme. Je leur souris au nez et tente de les replacer en les regardant droit dans les yeux. En général, ils n'arrivent pas à me répondre. Bizarre, bizarre,... !!

En tout cas, au lieu de m'arrêter sur leur aberration discriminatoire, j'ai eu la chance de retrouver mes deux médecins « chéris » : celui qui m'avait suivie à Grenoble et son meilleur ami de promo qui me suivait à Paris, et pourtant, vus leurs agendas respectifs, c'est très difficile de trouver des dates si rapides et disponibles pour chacun. Ce rendez-vous nous a permis de faire un point depuis la première tentative de baisse de traitement. Pour éviter que cela recommence, nous avons pris la sage décision de rééquilibrer le dosage qui finalement a été baissé à vitesse escargot très lent.

A partir de là, le bureau de placement de mon école refusait de me placer à des postes plein temps et je suis donc passée pendant plusieurs années en « mi-temps » thérapeutique (30h minimum en vrai, ce qui devenait de l'abus).

Au bout de quelques années, je voulais repasser à un

plein temps. Le personnel de ce bureau refusait, pour raison santé, donc discriminatoire, de me replacer à un poste normal. Les personnes, tout en étant naturellement gentilles dans l'ensemble, m'ont mis la pression pour que je trouve un poste par la Cotorep… Finalement, elles n'étaient pas les seules à me mettre ce genre de pression. Pour moi, je ne me suis jamais considérée comme une handicapée, alors que 50 % de l'entourage, en particulier familial se comportent encore aujourd'hui, en 2016 à me mettre cet « étiquetage » sur le front… mais ne veulent surtout pas le reconnaitre.

Le seul avantage que cela m'a fait de passer une fois par ce biais, est de me trouver à un poste à responsabilités et qui m'a permis de confirmer que je n'étais pas faite pour être assistante de direction, mais au contraire diriger des hommes, des humains.

Ceci ne m'empêchait pas de sortir, même si à cette période-là, je sortais beaucoup moins que la moyenne des personnes de mon âge. Il se trouve que j'étais invitée à une soirée où le thème était « habillez-vous comme jamais vous l'aurez osé ! » Pas de problème, je viens avec ma minerve sur moi. Comme l'ensemble des amis savaient que j'adorais danser, ce soir-là, j'étais dans le thème jusqu'au bout : je ne pouvais pas danser !! Il y a même un ami qui m'a emprunté la minerve juste pour voir si c'était réalisable : il m'a rendu la minerve trempée. Merci Edouard ! Au moins, je regardais le bon côté des choses, continuer à vivre malgré les épreuves qui continuaient à s'installer sur mon chemin de guérison.

La vie continuait, j'ai entamé diverses activités durant l'année, avec d'un côté, la pression des parents, plus particulièrement ma mère qui, certes prenaient des nouvelles, mais en même temps, me poussaient à faire partie d'une chorale. Pourquoi ce type de loisir ? Parce qu'ils se sont connus par ce biais-là. Alors, je n'avais pas le choix... Je sentais tellement l'aspect « boite à mariage » que je n'y suis pas restée aussi longtemps que les parents l'auraient souhaité.

Rester à Paris après cette opération était pour moi une manière de prendre la distance avec cet aspect « rapport d'activité des connaissances masculines de la vie » et la pression qui en découle.

Une fois que j'avais retrouvé une coupe minimum correcte, c'est-à-dire un peu plus féminine et surtout les cicatrices du crâne complètement finies, j'ai commencé à sortir un peu plus entre les diners avec un groupe d'amis, qui se finissaient automatiquement par des soirées de longue durée,... malgré mes traitements qui en théorie provoquent un bel endormissement radical, j'en profitais et tentais comme tout le monde de rentrer au plus tard. La seule différence que j'avais avec l'ensemble des autres personnes, je ne pouvais pas boire, ou tout du moins pas aussi fort qu'eux. J'avais une astuce assez efficace et particulièrement les soirs où je savais que les hommes voulaient me faire boire des verres un peu plus costauds. J'ai réussi à ne jamais être bourrée.

Vue l'éducation que j'avais reçue et surtout la morale sur le sujet homme femme, euh pardon, je devais dire fille garçon, je me suis pris un certain nombre de râteaux pour une simple raison : plusieurs des connaissances sentaient que j'avais la pression d'une mère marieuse.

Entre les contes de fées et « tu te marieras avec un militaire, de préférence un officier », la liberté de temps à mon rythme étaient un peu difficile.

Certes, j'ai été « branchée » militaire pendant une certaine durée, mais je pense pour deux aspects : à la période où j'eus eu leur coupe, c'était la seule catégorie humaine qui ne me critiquait pas et ne me dévisageait pas de la tête aux pieds, contrairement à l'ensemble des civils. L'autre raison est toute simple : il y en avait un certain lot dans la famille, et c'était souvent ceux avec qui je m'entendais bien.

Le temps passe, les diners et les soirées continuent jusqu'au jour où avec un des hommes, en particulier ceux qui abusaient de moi (certains l'ont reconnu plus tard, en particulier quand je me suis retrouvée sans médicaments et encore en 2015). Un homme qui, se faisant passer pour le bon catho « modèle, zéro défaut », droit (normal, il est officier), qu'il adore les enfants, aimerait en avoir plein, enfin minimum trois, militant pour les pétitions contre l'avortement, etc… je me retrouve enceinte de lui.

Contrairement à toute sa liste de principes, son comportement a complètement changé radicalement jusqu'à l'entendre dire que la femme est le représentant du diable ! Pour lui, il n'y avait que la femme qui devait faire des efforts, prendre toutes les précautions pour ne pas être enceinte, l'homme, lui, non surtout pas.

« Chance pour lui », le traitement antiépileptique que les médecins m'avaient laissé après l'opération et surtout après la première rechute, a provoqué une fausse couche. Aucun soutien de sa part, même pas financier (alors qu'il avait carrément les moyens), ni même moral, rien. Ses études reprenaient subitement de l'importance au point où il fallait bien trouver une excuse dès qu'il ratait un examen : j'étais soit disant responsable. C'est sa carrière qui était nettement plus importante.

Je me rappelle lui avoir dit un jour qu'une personne qui refuse de prendre des responsabilités dans sa vie quotidienne, en particulier dans ce cas de figure… Ce refus lui fera un effet boomerang un jour dans sa vie, que ce soit personnelle ou professionnelle.

Aujourd'hui, ce fameux homme est marié depuis au moins 5 ans alors qu'après m'avoir éjectée, il est revenu plusieurs fois à la charge vers moi, me faire croire qu'il allait se marier avec moi,… jusqu'à l'entendre dire que s'il ne se mariait pas avec moi, c'est par rapport au néfaste qui existait déjà à cette période-là entre ma belle-sœur Christelle qui avait décidé de me pourrir la vie, décider à ma place, et j'en passe. Le pire, il s'est marié avec la meilleure amie de cette fameuse belle-sœur qui subitement le trouve adorable (parce qu'il est avec sa meilleure amie, ce qui change tout) et n'a toujours pas d'enfants… La raison, je pense la connaitre… et je plains sa femme si elle l'entend dire des phrases du style : « le blocage, ce n'est pas moi, ça ne peut être que toi ! »

A force de se faire passer pour l'homme « à zéro défaut », il faudrait certainement se poser des questions…

A la même période que cette « mini grossesse » finie en fausse-couche, j'étais invitée au baptême de mon premier neveu. Je n'ai pas eu la force d'y aller parce que j'avais l'impression que 15 jours de grossesse se verraient autant que 2 mois ou plus. Vu le soutien du géniteur, je n'étais pas dans mon meilleur état, je suis à nouveau passée dans une honte catastrophique. Depuis ce jour-là, ma belle-sœur Christelle a décidé d'être désagréable avec moi à vie alors qu'elle n'a jamais su la raison. C'est un comportement d'enfant et non d'adulte.

Certains amis l'ont appris, m'ont rejetée alors que je ne le criais pas sur les toits, loin de là. Tant que ces personnes ne comprendront pas qu'un traitement comme celui que j'avais à ce moment-là empêchait de prendre la pilule ou les équivalents car les effets chimiques annulaient le fonctionnement, ils peuvent faire les malins à me rejeter, ils s'en voudront certainement plus tard.

Certes, je n'étais pas automatiquement pour la pilule à cette période-là, plus par rapport aux principes d'éducation reçus. Et tant que j'étais shootée, du moment que j'ai su que mes traitements annulaient le rôle de ce système de contraception, je ne voyais pas à quoi cela me servirait de la prendre « pour faire comme tout le monde » alors qu'elle ne servirait à rien, aucune efficacité.

Après cet épisode, tant que je n'avais pas d'ami, de « petit ami » ou fiancé, j'ai été mise un peu à l'écart des groupes d'amis puisqu'eux, se mariaient les uns après les autres.

J'ai tenté d'élargir mon réseau relationnel. Je continuais à aller à ces soirées, j'ai commencé à oser partir pendant les weekends à l'autre bout de la France sans que ce soit automatiquement Chambéry… pour éviter de me retrouver avec un interrogatoire : « qui c'est, je t'explique comme tu dois te comporter, fiançailles », et vous avez compris la suite !

Jusqu'au jour où, tombée dans un des pièges des parents qui me disaient « Pourquoi tu n'invites jamais tes amis à la maison ? Pourtant tes frères le font, donc tu sais bien que tu peux… » dit sur un ton mielleux, théoriquement doux…

J'ai tenté. La différence avec mon frère qui le faisait,

Paul qui a 8 ans de moins que moi, est un garçon et était encore dans la région Lyon-Chambéry-Grenoble pour une partie des études et certains des postes qu'il a eu... C'est plus proche que Paris Chambéry... Ça change tout !

La seule et unique fois où j'ai tenté, comme Chambéry est plus loin de Paris que la Bretagne, ou la Normandie, ou Bourgogne, j'ai eu nettement moins de personnes avec moi : 3.

Parmi ces personnes, il y avait un homme Louis, que je connaissais à peine depuis moins d'un mois, quinze jours et deux de ses amis.

Ce que je pressentais s'est hélas réalisé ! Il y a l'art et la manière de poser les questions quand on ne connait pas les gens et que ce sont des amis de leurs enfants. Je n'ai jamais vu mes parents aussi froids, rigides avec les amis de mes frères que quand c'étaient les miens, en particulier quand ils les connaissaient pas.

J'étais assez tendue parce que je n'aimais pas leur manière d'être. Quand c'étaient les frères qui invitaient, les parents ne se croyaient pas obligés de rester sur place, contrôler, scotcher partout, me faire la morale dès que j'étais seule dans une pièce avec un des deux.

Au moment où nous devions repartir pour Paris, le top des tops des interrogatoires est arrivé ! En particulier qu'à l'homme que je connaissais à peine, Louis et moi : « alors, c'est pour quand ? Vous avez des projets ? »

Vu que, déjà Louis et moi n'étions pas sur la même longueur d'ondes, tout du moins, nous ne voyions pas la vie de la même manière, je n'avais pas de projet précis autre que me changer les idées entre les promesses de ce fameux Michel et la pression parentale :

« Béatrice, tu as 30 ans et tu n'es toujours pas mariée, ce

n'est pas normal ! Tu sais très bien que dans la famille, toutes tes cousines se sont mariées entre 18 et 25 ans... donc, toi, ton cas,... » J'ai coupé la parole à demander si ma maman me voyait comme une handicapée parce que je n'étais toujours pas mariée à 30 ans ? Lui rappeler que je n'étais pas la seule à ne pas être mariée avant cet âge et que la maladie m'avait empêché de vivre de la même manière que « tout le monde ». La maladie, même si j'étais opérée, faisait fuir un certain nombre d'hommes, même des catholiques pratiquants « qui ont beau se faire passer pour le gentil, accueillant, ouvert d'esprit », je recevais une réponse comme « Oui, mais, tu comprends, ce serait bien que tu te maries ! »... Comme si cette épreuve santé ne comptait pas... Je ne pense pas qu'il y ait beaucoup de filles, femmes qui reçoivent des demandes en mariage à la période où elles sont « crâne rasé avec plein de cicatrices sur la tête ! »

Louis a joué sur cette réaction de mes parents, qui dans un premier temps, l'agaçait lui aussi... Ils n'ont pas commencé par demander depuis combien de temps nous nous connaissions. Non, même pas, c'était direct ! Et comme si je n'avais pas le choix, pas le droit de faire plus ample connaissance... Lui a suivi l'idée de mes parents. Hélas !

En gros, sans qu'il me fasse de demande, les parents m'envoyaient déjà des courriers du genre mode d'emploi (avec grosse pression) « tu dois te fiancer. Suivis plus tard, de « dépêches toi, il faut que tu te maries », etc... Mais nulle part, l'idée de me demander mon avis leur est venue. Et donc, lui de son côté en a rajouté une couche de mensonges, matérialisme et refus de préparation sérieuse religieuse (à cette période-là, tant que j'étais sous diverses emprises et ne voyais pas la vie comme actuellement, je mettais plus d'importance qu'aujourd'hui) : voir un prêtre de temps en temps lui suffisait. Refus complet de retraite après avoir fait croire aller à la Flatière, toujours trouver une excuse.

Les fiançailles n'ont pas été religieuses. Il a voulu se fiancer avec moi, juste pour être invité avec moi à un mariage auquel j'étais conviée et auquel j'avais répondu présente avant que de le connaître. Ensuite, les fiançailles se sont déroulées de la façon suivante : un diner tous les 2 (restaurant de la tour Eiffel) et il m'a donné de manière cachée la bague de fiançailles comme s'il me donnait un stylo. Nulle part, je trouvais un geste important et sérieux, comme si c'était une banalité d'offrir une bague de fiançailles.

Le mariage civil s'est passé le 24 avril 2004, a failli ne pas avoir lieu car Louis est arrivé en retard pour une raison bizarre et contradictoire : Sa version = lenteur et colère de son père qui ne voulait pas qu'il se marie. Version de son père = c'était lui le responsable de ce retard.

Bref, ils sont arrivés 10 ou 15 minutes en retard au point limite que la mairie ne pouvait plus attendre.

Au plus profond de moi, je voulais dire NON, j'ai fait un blanc et ai fini par dire oui par forcing pour faire plaisir aux parents qui trouvaient scandaleux que je ne sois pas mariée à cet âge-là. Intérieurement, j'en étais malade… mais je n'avais toujours pas le droit de m'exprimer.

Le mariage religieux, je n'en parle même pas tellement c'était farfelu.

Mon ex-mari n'a abordé que l'aspect matériel, riait, se moquait de la partie religieuse alors qu'il insistait sur le fait d'avoir fait du scoutisme, d'aller à des messes, alors qu'en vrai, chez eux, il n'y a que son frère qui pratique de manière régulière.

Quand le prêtre qui nous a « soit disant » préparé parlait de retraite, ex-mari ne pouvait s'empêcher d'en rire, dire que cela ne servirait à rien, qu'il n'y a que les « coincés » qui en font.

Même si moi aussi, je voulais en faire, j'ai eu le droit à des promesses, programmer les dates pour inscriptions et se débrouillait pour m'imposer à ne pas y aller ou me menaçait si je voulais les effectuer comme je travaillais, je ne pouvais pas toujours prendre les congés que je voulais.

J'ai appris son âge réel 1,5 mois-2 mois avant le mariage religieux quand le prêtre a demandé les dates de naissances : il avait et a toujours donc environ 10 ans 1/2 de plus que moi (le pire est que mon ex-mari Louis s'est bien débrouillé pour qu'à la mairie, son âge réel ne soit pas prononcé ou caché, vu que le mariage civil était 1,5 mois avant le mariage religieux, je ne vous raconte pas dans quel état je pouvais être, stupéfaction d'apprendre à la mairie la réalité et non pas les fausses déclarations qu'il me faisait). Quand j'ai appris la réalité, au fond de moi, j'ai voulu rompre les fiançailles pour la raison suivante : « s'il m'a menti depuis le début sur son âge, c'est qu'il m'a certainement menti sur sa situation professionnelle et si ça se trouve sur des points plus graves. »

Comme à côté, j'avais toujours la pression parentale, j'ai voulu de l'aide extérieure… pas possible !

Bref, ma décision n'étant pas respectée pour ne pas dire avoir été forcée à dire oui alors que j'avais détecté des horreurs qu'il me cachait, j'ai commencé ce cheminement avec des nœuds dans les intestins à cause de la pression maternelle (surtout quand j'entendais ma maman me dire « de toute façon, c'est trop tard, puisque civilement tu es déjà mariée !). Ma mère avait repéré que Louis avait un besoin d'être écouté, d'être aidé et pour elle, c'était à moi de gérer ses problèmes.

Jour « J » : Louis s'est trompé d'église ! Plusieurs personnes se sont rendues compte ou m'ont signalé (il y a un ou 2 ans, mais certainement pas à ce moment-là) que cela pouvait être un signe de non sérieux. Comme si ce n'était pas suffisant, il a rajouté le lendemain matin, une fois partis, après avoir verrouillé la voiture, une fois que nous étions loin du lieu, trop loin pour que je puisse appeler un secours (et surtout, je n'en revenais pas du tout comme on me disait souvent que je n'avais pas d'humour, je le trouvais très noir, ou très spécial cet humour !) : « tu n'as plus qu'à annuler Ton (et non notre) mariage et tu seras à égalité avec Ta belle-sœur Christelle. Si je me suis marié avec toi, c'est juste pour faire plaisir à tes parents, j'en pensais pas un mot !!

Le voyage de noces s'est déroulé un peu plus tard, deux mois plus tard car je venais de commencer un nouveau travail… et lui, dans tout cela, ne travaillait pas, n'était pas prêt à se mettre à travailler.

Pour ce voyage de noces, il m'avait fait croire mettre tout son argent personnel dedans (pour montrer qu'il m'« aimait ») alors qu'au retour, j'ai pu me rendre compte qu'il s'était servi de l'argent commun, de la liste de mariage. Pendant ce voyage de noces, il a continué à me faire croire qu'il était richissime, qu'il allait me sortir de mes galères,…

Le lendemain du mariage, une fois partis, Louis a commencé par me dire « exactement » :

« Je te remercie de ta naïveté, maintenant, je vais te montrer qui est le vrai Louis ! »

Moi qui avais toujours été jugée comme n'ayant pas d'humour, j'ai « essayé » de prendre cette phrase pour de l'humour, mais je dirais de l'humour très noir.

Ce qui l'intéressait, c'était l'idée de me « programmer le cerveau », c'est l'expression qu'il employait tout le temps comme un informaticien qui programme le disque dur.

Chapitre 3
La vie à la sortie du cocon, rares calmes au milieu de tornades

Suite à l'arrêt total de mes traitements, les premiers mots que j'ai dits étaient « qui suis-je ? Qu'est-ce que je fais là ? Et qui c'est celui-là ? (celui-là étant l'homme, Louis, que mes parents m'ont forcée d'épouser alors que j'avais repéré un contraste, et je ne voulais pas)… oui, ça existe en France, même chez les catholiques ! J'en ris aujourd'hui, mais pas à cette période où je ne fus pas écoutée et respectée de mon choix.

« Comment fonctionne mon corps ? » Pourquoi me suis-je posé cette question ?

A la sortie de 25 années sous traitements très costauds (jusqu'à 2g d'un des médicaments : Tégrétol, c'était trop pour moi), j'ai senti des changements au niveau dermatologique comme par exemple, tant que j'étais sous traitement, ou plutôt shootée, droguée, la peau était pâle et je prenais des coups de soleil trop facilement. Hélas, ces derniers finissaient à prendre la forme de cloques… Les tubes de Biafine, j'ai connu pratiquement tous les ans, été comme hiver. Comme disait une cousine, j'ai toujours cru avoir la peau mate, alors qu'en un léger coup de vent, j'étais déjà rose et en une demi-journée, je pouvais passer à une couleur plus prononcée proche du rouge, écarlate ou pas.

La première année après l'arrêt, la peau avait moins de réactions type eczéma, les problèmes circulatoires ont aussi un peu changé, se sont améliorés. Même niveau solaire, la peau a complètement changé... Je ne passais plus automatiquement par l'étape cloques.

L'entourage qui n'avait jamais connu des prises de traitement pendant des longues durées comme celle-ci me mettait la pression parce que je n'étais toujours pas enceinte alors que dans la famille, à peine mariées, 95 % des femmes étaient enceintes dans les jours, semaines ou premiers mois qui suivaient leur mariage. Donc, ne pas l'être 6 mois après un mariage, c'était presque un scandale pour certaines d'entre elles. Leur faire comprendre que mon corps avait été drogué pendant 25 ans, et que je ne pouvais pas savoir combien de temps il allait mettre pour fonctionner normalement, naturellement, c'est comme si j'étais une tare. Il y avait qu'en leur proposant de prendre ce type de traitement, où la compréhension s'améliorait parfois plus rapidement, ou inverse, les énervait sous forme de réponse de style « je ne vois pas le rapport ».

A cela se rajoutait la pression de celui qui m'a été le mari imposé... et l'entourage qui refusait d'entendre la réalité de ce que je subissais à la maison. Les frères et parents continuaient à me dire des phrases comme « Arrêtes de dire des bêtises, vas te reposer, tu diras moins de bêtises après ! » phrase entendue x fois par an, mois, jour, et parfois heure...

surtout pendant que j'étais malade, mais c'est devenu pour eux tellement une habitude, qu'ils ne changeaient pas leurs discours.

Voici une énumération de la série des horreurs subies :

Le temps passe, je fais tous les efforts du monde surtout quand après plusieurs alertes que j'ai faites auprès de ma famille, ils m'ont rejetée en disant « tu as voulu te marier avec lui (alors que je me suis sentie forcée par les parents), tu assumes !

Parmi les contrastes qui me paraissaient anormaux, il y avait des gestes comme m'étrangler en me disant des « je t'aime » ou bien me menacer pour certains rapports conjugaux à des moments où j'étais tétanisée de certains de ses comportements. Au lieu d'arrêter, il empirait le cas en rajoutant des phrases de type : « si tu continues comme ça, je vais m'acheter, me procurer de la drogue du violeur ». Il était très jaloux, de niveau maladif au point où il allait ouvrir mes courriers quand je n'étais pas là, appeler mes parents, leur lire mon courrier ! Le jour où je me suis retrouvée à la maison, j'ai eu le droit à la tentative du coup de poing en pleine figure... comme j'étais souple, j'avais eu le temps de me baisser au point où il s'est retrouvé la main dans le mur... ce qui ne fait pas le même effet, bien plus mal. Je suis sûre que si c'étaient des murs d'immeubles modernes, sa force de violence aurait provoqué des dégâts repérables dans le mur : traversée de celui-ci. Me harceler au bureau du matin au soir alors qu'il ne travaillait pas : ce qui s'appelle me fliquer.

Avec toutes ces séries de contrastes, d'humiliations, en public de préférence, ma maman m'a imposé d'avoir des enfants avec lui en me disant « avoir des enfants avec un mari violent, ça ne peut que l'adoucir » alors qu'elle faisait une maitrise de psychologie. Quand j'ai entendu cela, j'ai commencé par avoir un certain « gloups » dans la gorge très serrée de peur.

Moi qui ai eu plusieurs fois des problèmes de confiance et communication avec ma maman, j'ai pris mon courage à deux mains, pour mettre en pratique sa parole.

Pendant la grossesse, j'étais la seule des deux à travailler dans la journée, mais aussi à la maison. La vie ne changeait pas. Quand certains jours paraissaient plus tranquilles, il y avait automatiquement une « surprise violence » dans les jours à venir. L'accouchement a été long, mais bon, avec des menaces du mari sur l'équipe qui m'aidait, il a fini par se faire renvoyer de la salle. La « fin » de l'accouchement a changé urgemment de stratégie pour une survie de l'enfant, arrivée finalement le 15 aout 2005 alors qu'elle devait se montrer le 10 ! Pas pressée de sortir ma chère Charlotte !

Vu le comportement du père, à la sortie de l'hôpital, je voulais déjà tenter de partir définitivement de la maison conjugale, en tant que survie pour mère et fille.

Aujourd'hui, et depuis cette période, je peux vous confirmer que ce n'est pas le cas et même au contraire, Louis continuait les violences sous toutes les formes et pire, de préférence devant notre enfant et dont certains en particulier : vouloir me pousser, me faire passer par la fenêtre. Ça, c'était spécialement pendant certaines colères durant lesquelles il donnait l'impression de ne pas être conscient de ses gestes.

Vues les diverses aberrations que j'avais repérées, j'ai commencé à interroger des amis ou maris d'amies pour vérifier si c'est normal ou non (vu le soutien familial, en particulier pour une famille qui se dit très unie). Comment fonctionne un homme normalement constitué ? Celui qui prend ses responsabilités de conjoint, père de famille, qui travaille.

Ce qu'avaient repéré les amis à qui je m'adressais, c'est qu'avant cette mésaventure, j'étais à l'aise avec les hommes, alors que là, ternie, crispée, méconnaissable après les diverses aberrations subies. Ce n'était pas la peine que je leur précise que j'en étais arrivée à une trouille « nationale » des hommes hormis eux, ces amis à qui je m'adressais parce que je savais qu'ils étaient normaux. De plus, leurs professions faisaient qu'ils connaissaient un peu plus la loi dans ces cas de figures. Sans faire exprès, ces hommes dépendaient des ministères de la défense ou de l'intérieur… dans l'ensemble.

Comme à cette période-là, les aides des femmes battues n'existaient pas encore, leurs aides m'ont été très précieuses et je les remercie encore. C'est à ce moment-là que j'ai appris les termes et définitions, stratégies d'une personne à comportement pervers, narcissique et manipulateur.

Certains des hommes qui m'aidaient, travaillaient dans la gendarmerie et avaient déjà eu affaire à ce genre d'individu. Eux-mêmes, en tant que professionnels, ne supportaient pas ce profil parce que c'est épuisant.

Même si à l'origine, dans mes idées, j'étais contre le divorce, là, c'était la seule solution pour rester encore en vie aujourd'hui. Vue l'éducation reçue, je n'ai pas annoncé cette démarche haut et fort, mais juste aux trois rares cousines et leurs conjoints qui m'ont aidé à cette période-là. Dès que j'ai fait mon déménagement, la France entière, côté familial a été au courant par celui qui me fliquait : ce fameux Louis.

Lui, qui, niveau religieux, ne pratiquait pas, s'est mis à

imposer à toute ma famille, ultra pratiquante de faire des chaines de prières pour que je revienne à la maison. En général, ce sont les femmes et les enfants qui restent à domicile et le père qui dégage, mais là, vus que les propriétaires étaient ses parents, c'était plus compliqué pour le dégager : impossible !

J'ai entamé le divorce en 2008. Vu l'ensemble des « douceurs » reçues comme « j'interdis à ma femme de demander le divorce », ou roder autour de mon nouveau logement, alors qu'il n'en avait pas le droit.

C'est par exemple pendant ce divorce que j'ai appris la version moyenâgeuse de l'épilepsie : il paraitrait qu'on les enfermait à vie dans des hôpitaux psy avec zéro droit de visites ! Celui qui est donc devenu mon ex-mari a tout fait pour me faire retirer la garde : il a réussi ! Bon, vue qu'il m'avait détruite à diverses niveaux : psychologique, moral, mental, physique, sexuel : destruction totale. Je ne pouvais plus me regarder dans une glace à cette période-là.

La décision a été prise le 11 avril 2012.

Le seul « soutien » que j'ai eu de mes parents à ce moment-là, était la phrase suivante : « le divorce n'existe pas dans la haute bourgeoisie ! » et je leur ai toujours répondu : « Il fallait s'y attendre après un mariage forcé, refus de m'écouter alors que j'avais détecté des contrastes dès le début ! »

Chapitre 4
Survie et reconstruction

Depuis cette séparation, j'ai fait 3 retraites spécialisées dans les guérisons intérieures : 1 session Paray le monial, 1 weekend à Bois le Roy et 1 semaine Agapé au Puy en Velay. A titre d'information, ces séjours sont ouverts à tout public, de toute religion confondue. Ces périodes m'ont permis de sortir de cette peur générale de l'homme, de l'environnement social... pouvoir discuter avec toute personne sans avoir les « symptômes » de peur telle que j'ai dû subir durant ces années.

Niveau professionnel, j'étais repassée de la fonction « à mon compte » à un poste salarié, ce qui m'a permis de me rendre compte que les hommes ne sont pas tous pareils... heureusement !

De plus, cela m'a permis de développer un flair : repérage des profils type malsains, ou manipulateurs. Comment continuer à vivre, travailler sans en avoir peur... surtout quand je me retrouve dans un milieu professionnel très masculin : installations audio-visuelles (nous étions 3 femmes au milieu d'une vingtaine-trentaine d'hommes).

Cette expérience s'est finie par un licenciement économique. Je me suis donc retrouvée avec l'envie de me remettre à mon compte. Comme le divorce n'était pas fini, ce n'était pas du tout le moment.

Ces périodes de reprise de travail m'ont permis aussi de me changer les idées, de ne pas ruminer les douleurs, les pressions subies et passer au-dessus des aberrations de l'entourage familial qui continuait… certes à aider sur certains points, tout en continuant à envoyer des pics contradictoires à ce qu'ils venaient de dire. Je devais trouver urgemment un poste et un logement.

Par exemple, comme le premier logement était d'urgence, le montant était presque aussi haut que le salaire. J'ai dû donc rechercher un logement en fonction de mes moyens.

La « solution » de logement HLM était mal partie, car bien sûr c'est la première démarche que j'avais faite tant que j'étais sous les toits du logement familial, mais comme c'était dans une banlieue Est de Paris, les employés de ce service m'ont ri au nez en me disant : « Vous êtes blanche, donc vous n'en aurez pas avant 2 ans minimum ! »

L'entourage a commencé par tenter de m'expliquer comment je dois réfléchir (comme si je ne savais pas le faire), ne me croyait pas quand je leur ai annoncé l'accueil des services sociaux pour demande d'urgence de logement… donc, à les écouter, je ne savais pas réfléchir pour le choix du prix ! J'avais demandé à certains d'entre eux qui avaient des appartements à Paris. Comme cette situation ne leur plaisait toujours pas, ils refusaient de me loger en me trouvant plein d'excuses, raisons qu'ils pensaient utiles pour le suivi juridique du divorce. Ils ont réagi comme cela simplement parce qu'ils étaient et sont toujours contre le divorce !

Au lieu de reconnaitre leur méthode de me rabaisser, ne pas m'aider, me mettre des bâtons dans les roues, ils préfèrent dire que je ne sais pas gérer mes comptes... alors que l'appartement de Paris qu'ils avaient à ce moment-là, m'aurait permis d'être complètement dans la bonne tranche de loyer, éviter quatre déménagements supplémentaires, le surendettement et une meilleure proximité entre les deux logements. J'ai donc trouvé un logement au Chesnay, suivi de Versailles. Suite à une récente tentative de rapprochement, sur Paris, hébergée le temps que je trouve l'appartement idéal, je me suis retrouvée à nouveau à Versailles au lieu de me faire escroquer par un théorique propriétaire.

Quand je suis arrivée dans ces villes, j'ai eu au début beaucoup de soutien de la part de plusieurs cousines, leurs maris et enfants. Comme nous sommes très nombreux, nous nous ne connaissions pas trop. Ce qui a permis de faire plus ample connaissance. Ce qui fut agréable au niveau de leurs enfants, c'est qu'il y en a très peu chez l'une ou pas du tout chez les autres qui ont jugé ma situation, se permettre de me faire la morale alors qu'ils sont mineurs (il y en a qui laissent leurs enfants se comporter de cette manière et qui trouvent cela normal).

A côté de cela, j'ai retrouvé un travail qui était à Paris. Vu qu'il me fallait un poste alimentaire, pour le coup, il était réellement alimentaire car c'était un syndicat d'industriels agro-alimentaires. J'ai réussi à tenir trois ans et demi chez eux à travers des menaces, des pressions, des fouilles dans mes affaires privées. A travers ces passages désagréables, j'ai réussi à reprendre mes études sous la forme de Valorisation des Acquis de l'Expérience, ce qui m'a permis de gagner quelques années et non pas reprendre à zéro comme j'entendais encore ma maman me relancer pratiquement tous les ans depuis ma terminale pour que je repasse le bac en candidate libre !

Durant cette expérience, vues les menaces, le personnel avait su que j'étais une ancienne épileptique. Pendant les réunions, devant les autres salariés, je me prenais des commentaires du style « vous savez que vous avez rien dans la tête ! », « vous savez que vous n'avez pas de mémoire, vous devez écrire ! » dès qu'il y avait une erreur professionnelle de la part d'un des salariés, tout m'était mis sur le dos automatiquement… puisque d'après eux, 20 ans après l'opération, le niveau mémoire serait toujours à niveau zéro !!

Parmi les menaces de la direction, j'avais aussi reçu le fait d'être expulsée quand mon divorce aurait été fini. Comme il n'y avait pas de rapport, et je voyais cela comme un chantage parmi tant d'autres, je ne leur ai pas dit parce que cela ne les regardait pas.

De plus, deux personnes du personnel étaient de profil pervers et/ou narcissique et/ou manipulateur. Tous les ans, nous avions le droit de signaler nos souhaits de formation. Plusieurs fois, l'unique que je demandais, se terminait sous forme de menaces comme « vous aurez votre formation licence seulement si vous acceptez telle formation », cette dernière qui ne m'était en vrai pas utile. Simplement la direction n'avait pas confiance en moi, et s'était débrouillée pour que mon ordinateur ne soit pas équipé comme ceux des autres, donc lenteur. Celle-ci m'était reprochée plutôt par rapport à mon passé santé puisqu'ils s'étaient permis d'aller ouvrir mon ordinateur pendant un de mes rares congés. Au lieu d'aller voir mes dossiers professionnels dans lesquels ils étaient censés aller, une à trois personnes se sont permises d'aller dans mes affaires personnelles… sans me prévenir et sans présence d'huissier. Ce qui est interdit par la loi !

Comment suis-je au courant ? C'est tout simple, mon bureau et mon ordinateur n'étaient pas du tout rangés tels que je l'avais fait avant mon départ en congé et en option, ce qui confirmait bien cette visite inattendue, mon attestation médicale prouvant mon opération en 1995 était ouverte sur mon bureau informatique, à la vue de tout le monde. Quand j'ai demandé qui était venu fouiller dans mon ordinateur, il m'a été répondu que certes, telle et telle personne étaient venues, en principe voir les dossiers que je gérais pour eux.

L'autre raison qui démontrait la visite « surprise » était le changement radical de comportement d'un des directeurs pour qui je travaillais. Depuis ce jour-là, la pression n'était plus sur le sujet divorce fini ou pas, mais sur les dates d'examens de la VAE que je faisais cette année-là. Ils m'ont mis la pression menace dans le but de me licencier une fois que j'aurais les résultats de ces examens. J'ai donc attendu que les dirigeants menaçants partent en vacances pour les informer des résultats. Au moins, j'étais « tranquille » pendant au moins un mois.

A peine de retour de vacances, le pari que je m'étais fait personnellement a été « gagné » ! Convoquée dans le bureau de la direction, les dirigeants ont repris leurs comportements malsains de manipulateurs qui tentent de faire culpabiliser la victime : ils m'ont licenciée ! La vraie raison : c'est qu'ils font partie de ces personnes qui se basent encore sur la version moyenâgeuse de l'épilepsie ! Ils ont déguisé leurs menaces destructrices liées à mon passé santé sous forme de faute. Apparemment les autres salariées avec qui je m'entendais bien n'étaient pas au courant. Elles et certaines des sociétés voisines ont été choquées de la manière utilisée.

Depuis quand une maladie serait une faute professionnelle ? Surtout quand ils ont lu sur une des attestations, que c'est de l'ancienneté, on en parle plus du tout maintenant. De plus, ils n'arrivaient plus à me culpabiliser tel qu'ils le souhaitaient. Cela les dérangeait beaucoup.

Comme le lendemain de ce licenciement, je faisais la course Paris-Versailles, j'étais complètement détendue. Cette course me servait de défouloir les autres années où j'étais chez eux. Cette fois-ci, je l'ai faite pour deux raisons : je sortais d'un accident de voiture qui m'avait couté huit mois de rééducation, récemment finie, à peine quinze jours avant la course : donc savoir si mes jambes fonctionnaient encore normalement comme avant.

D'autre part, je l'ai faite pas dans le but d'être plus rapide que les gazelles qui font toutes les courses, mais plus pour réfléchir sur l'avenir professionnel. La seule question que je me suis posée pendant la compétition était « Qu'est-ce qui est utile aujourd'hui et pas suffisamment développé ? » Je réfléchissais sur ce sujet pour me permettre de gagner du temps suite à la fin des études que je devais faire cette année-là. La fameuse licence commencée par la valorisation des acquis de l'expérience, 97 % des matières étaient validées. Il m'a fallu suivre les cours des quatre dernières matières.

Le lendemain du licenciement, mon plus jeune frère, Paul, m'appelait pour prendre certes des nouvelles… je le remercie, mais surtout pour me demander si j'avais déjà retrouvé du travail… là, je le remercie moins ! Comme il a commencé à travailler en entreprise bien plus tard que moi, il n'en est qu'encore à son premier employeur. Pour lui, c'était inadmissible que le lendemain de mon licenciement, je n'ai toujours pas retrouvé de nouveau poste.

Il ne voulait surtout pas m'entendre dire prendre du temps pour affiner mes pistes pour travailler dans une matière qui me plait vraiment.

Au lieu de me soutenir sur cette période entre la reprise d'études, rôle de mère, recherche de travail, il préférait tourner cela sous une forme théorique d'aide de p'tit frère, mais la tournure proposée est bien moins agréable : vouloir vérifier mes comptes, montrer en gros, qu'il n'avait aucune confiance en moi. Il a fait partie de ces personnes qui préféraient que je travaille dans un poste qui me ramène moins que ce que je gagnais par pôle emploi. C'était aussi une histoire de mentalité. « Tu sais bien que ça ne se fait pas d'être au chômage dans la famille ! »

Il faisait aussi partie des personnes qui me mettaient la pression pour que je recherche du travail par le réseau COTOREP. Là, j'ai refusé catégoriquement pour lui rappeler que je ne le suis pas du tout. Ce n'est pas parce que certains en profitent dans le but d'un confort d'être salarié alors qu'ils n'ont pas réellement d'handicap que je dois l'être absolument ! Certaines personnes se servent de certains de leurs blocages, de croyances limitantes pour y avoir accès.

Le handicap qu'il me « donnait » et me remet encore aujourd'hui : c'est de ne pas être salariée ! Me créer une activité, ça ne compte pas, puisque je ne suis pas salariée, alors quand on rajoute « ex-épileptique complètement guérie, divorcée, licenciée, qui travaille à son compte sans être salariée », oulala, ça ne va pas ! Alors, quand ces personnes n'arrivent plus à me reparler de leur projet à m'imposer que j'ai une carte d'handicapée, ils se mettent à passer par d'autres personnes de la famille proches de moi.

Par exemple, durant un repas auquel j'étais invitée, il m'a été demandé : « pourquoi tu ne te sers pas de ta carte handicapée ? » j'ai répondu : « laquelle, j'en ai pas ! » soit disant je devrais en avoir. Quand j'ai demandé à cette personne que j'aime bien, je respecte, lequel handicap,… Là, il n'arrivait plus à répondre. Je savais que cette question ne venait pas de lui.

Depuis, quand j'y repense, je préfère sourire et pourquoi pas proposer à mettre dans les blagues Carambar : Demander « obligatoirement » une carte handicapée par toute personne qui se retrouve au chômage, de préférence après un licenciement, ou parce qu'ils sont indépendants non-salariés !

A cela, se rajoute d'autres menaces de la part de diverses personnes de la famille : « si tu continues comme ça, tu risques de te retrouver sous tutelle ! » (ou curatelle mais pour moi, c'est pareil !). Vues mes réactions normales, celui ou celle qui m'en parle régulièrement tente de se rattraper, mais revient à la charge sur le même sujet à des moments où ils ont envie de me voir.

Pour une famille catholique, très pratiquante, qui se dit ouverte, j'ai pu découvrir ces dernières années, une drôle de nouvelle manière de soutenir la sœur ainée, moi.

Dès le mois d'octobre, j'avais repris les études au CNAM. Certes, les cours étaient le soir, mais très vite les journées étaient très remplies de travaux à faire pour telle ou telle matière. Peu de temps avant les examens, je me suis offert une balade au salon zen pour vérifier certaines connaissances que j'avais déjà des pratiques de types médecine douce ou en découvrir d'autres tout en étant correcte. Je m'étais donné une matinée d'aération avant le retour à la maison dans mes dernières révisions.

Durant cette pause, j'ai pu découvrir une méthode que j'ai voulu tenter d'essayer parce que je pressentais un bien à la sortie, qui me paraissait plus efficace à l'instant même.

Au moment où je suis passée, en tant que cobaye directe « prépa examen », j'ai pu me rendre compte de changements radicaux comme par exemple une respiration tellement forte que je me demandais depuis combien de temps je n'avais pas respiré comme cela. Qu'est-ce que cela fait du bien !

Comme j'avais prévenu quels étaient mes tensions du moment, entre quelques restes de l'accident de voiture et ma reprise d'études ; sans savoir quelles matières m'attendaient dans les salles d'examen quelques jours plus tard, le praticien, fondateur exactement m'a dit « vous les aurez vos examens ! »

En repartant, je me sentais allégée, détendue, plus du tout de douleurs de tension, stress, accident. Arrivée à la maison, j'ai réussi à me remettre facilement dans mes révisions et non plus l'effet de repousser toujours plus tard. Quand je me suis replongée dans ces dernières, je les ai faites de manière nettement différente : au lieu de relire mes deux rapports de 500 pages, des mots, des expressions, des sujets me sont revenus facilement alors qu'avant le test de cette pratique, j'avais le « trou noir » spécial stress d'examens, j'ai recherché sur internet des synthèses brèves sur les sujets. Ceci me diminuait simplement le nombre de lignes, pages à lire ou relire.

Les jours d'examens, avant d'arriver dans les salles,

d'autres élèves me demandaient ce que j'avais fait pour être si détendue, sereine en si peu de temps. Je leur ai proposé d'en parler à la sortie. J'ai su rapidement que j'avais réussi mes examens. J'en étais fière, surtout quand mon entourage familial me faisait plus de commentaires négatifs comme « tu n'y arriveras pas », ou « pourquoi tu te payes des études, tu sais que tu n'as pas les moyens ? Donc, tu n'as pas le droit ! ». Ceux qui faisaient ce genre de remarques néfastes sont certes de la famille, frères, parfois des cousins mais qui avaient oublié un point : leurs études, ce ne sont pas eux directement qui les ont payées, mais leurs parents ! Cela change tout.

Comme je savais depuis mon divorce que je ne risquais pas d'avoir autant d'aide que souhaité, je me suis débrouillée. Je préférais m'offrir une reprise d'études pour me permettre de travailler dans des matières qui me plaisent vraiment que tomber dans la déprime nerveuse ou toute autre forme de mal-être lié à un licenciement abusif.

Depuis que j'avais testé cette thérapie brève, j'ai réussi à prendre plus de distance avec l'entourage particulièrement quand je recevais des « soutiens » destructeurs. Je ne retombais plus dans le panneau, « bien sûr, vous avez raison,… » et me retrouver dans un mal être pour leur faire plaisir telle qu'ils voulaient me voir : sous leur emprise !

Chapitre 5
Tremplin vers la réussite

Durant cette période transitoire, mon temps libre entre deux dernières matières au CNAM m'a permis d'analyser les bienfaits de cette séance « test » de la pratique médecine douce, alternative que je venais d'essayer avant mes premiers examens.

J'ai pu me rendre compte d'un nombre de déblocages tellement impressionnant que j'ai fait le nécessaire pour me sortir des diverses peurs liées aux violences du passé : sortir des emprises, des phobies, me faire respecter, savoir dire « non » et surtout avancer dans mes recherches permettant de trouver ou créer un travail.

De là, j'ai pu suivre une première formation me permettant d'avancer sur cette activité de thérapie brève. En y repensant, le plus étrange était la ressemblance avec une des matières qui m'intéressaient au début de mes études : étiopathie, ou chiropractie.

De plus, suite à cette formation, j'ai pu en suivre une autre, complémentaire à celle-ci : coaching selon la loi d'attraction, que j'appelle « positive attitude ».

Etrangement, mon papa, passé lui aussi par la maladie longue durée, avait voulu faire connaitre la même méthode qui portait un autre nom : méthode Simonton. Tant que c'était lui qui avait ce projet, il avait tous les soutiens de la famille. Depuis que c'est moi, j'en reçois aucun… et encore, je reçois presque autant de bâtons dans les roues que lui a reçu de soutiens… alors que lui et moi étions nettement mieux placés que les autres dans cette matière.

Tant que je sentais des évacuations en moi de maux du passé, j'ai évité de travailler sur toute personne, simplement pour éviter de leur refouler d'éventuels contrastes inutiles.

Ce qui m'a fait le plus sourire durant ces mois d'avancement, ce sont divers points qui permettaient de montrer des transformations qui peuvent paraitre énormes aux yeux extérieurs, ceux qui me connaissaient ou m'auraient connue à n'importe quelle date personnellement ou professionnellement. Par exemple :

– Ce que je n'osais pas faire ou avais peur de faire

Dans le passé, je fuyais les appareils photos, les caméras parce que j'avais l'impression d'être bouffie (particulièrement quand j'étais sous traitement, opérée ou avant l'opération). Même à la sortie de mon opération, les médecins voulaient me faire témoigner : je ne comprenais pas qu'est-ce que j'aurais pu dire et à cette période, je me serais surtout toujours débrouillée pour faire parler une autre personne parce que j'avais l'effet du nœud dans la gorge ou un autre état de mal être.

Quand j'allais à des salons, forums, j'avais envie d'aller

à tel ou tel stand : je m'arrêtais en face, à quelques mètres et intérieurement je me disais « j'y vais, j'y vais pas,... j'y vais, ooooh puis non, je reviendrai plus tard ! » En fait, je n'y revenais pas ! Etait-ce une certaine peur ou timidité ?

– Ce que je fais depuis

Naturellement, la communication, les échanges avec les hommes ont été libérés des peurs que je n'arrivais pas à faire partir. Inconsciemment, au début de mon activité, je tentais de viser spécialement les femmes, pensant qu'elles sont plus souvent victimes que les hommes. Indirectement, je fuyais les hommes, y compris niveau affaires. Subitement, à travers diverses réunions, je me suis rendue compte de ce changement : ne plus avoir peur face à tout homme avec qui je discutais. Je n'avais plus ces impressions de nœuds dans la gorge ou tremblotes niveau des jambes, ou autres symptômes que j'avais automatiquement avant, ces dernières années. Je peux confirmer une guérison totale au niveau subconscient. J'en suis ressortie fière de ce grand pas en avant.

Depuis cette période, tous les blocages inutiles se sont envolés définitivement. Ce qui a permis de développer comme un effet d'aimant au point de me faire inviter à des émissions. Là, je n'en revenais pas. Ceci a permis une multiplication de contacts bienveillants me permettant de me faire connaitre jusqu'au point de me sentir à l'aise face à des appareils photo ou caméra dans des émissions : une fois pour un sujet sur Télématin en juin dernier, et plusieurs fois, toujours pour la même chaîne mais pour d'autre sujets depuis septembre.

Sans faire d'effort, une opportunité de logement

transitoire s'est présentée et m'a permis une amélioration professionnelle : présentation de projets qu'on ne me confiait pas tant que j'étais à Versailles.

Ces faits m'ont permis de libérer certains contrastes du passé et avancer toujours dans le bon sens, que ce soit personnel, professionnel et financier.

Malgré ces diverses tremplins, les personnes comme mes frères Bernard et Paul, qui me veulent soit disant du bien, ne savent « encourager » que d'une seule manière : « Tu n'y arriveras pas ! » ou bien, entendu l'été dernier… mais différence avec avant, n'a pas réussi à me déstabiliser, me « programmer » tel qu'il le souhaitait : « Non, non, non, Béatrice, ça ne va pas, tu n'as pas le droit de te lancer comme cela dans une matière que nous ne connaissons pas, ou ne nous plait pas. Nous devons faire un conseil de famille pour valider ton projet ! Vas te faire soigner ! » Il est vrai qu'une personne littéraire et un scientifique ne sont pas « branchées » sur les mêmes sujets. Simplement, le respect de choix fait partie de l'ouverture d'esprit de la personne.

Là, j'ai pu me rendre compte que je suis entourée de personnes « ouvertes » seulement si leur public est intéressé que par les mêmes sujets qu'eux… Sinon, ce public se fait dégager : au sens propre et au sens imagé.

Alors que je suis plus âgée que lui, de peu, mais quand même. Ceci peut montrer qu'il est sous les commandes de sa femme qui a décidé dès son arrivée dans notre famille de ne jamais ou peu me respecter, me rabaisser et parfois se comporter comme si j'étais handicapée !

Avant, elle arrivait à me manipuler jusqu'à me conseiller d'aller faire des erreurs humaines qu'elle a fait dans le dos de mon frère. D'après elle, quand nous sommes belles-sœurs, nous devons être pareilles, comme des jumelles fusionnelles ! Maintenant, elle n'y arrive plus : ceci la dérange énormément.

Chapitre 6

« Epilepsie version 2016 » :
Apprendre à la voir autrement...

La description la plus souvent utilisée est dire simplement que l'épilepsie est un court-circuit dans le cerveau. On ne peut rien faire. Certes... je trouve que c'est la réponse la plus facile.

Aujourd'hui, en décortiquant ce fait sous l'aspect physique, je vois une autre version :

Quand il y a un court-circuit, c'est qu'effectivement il y a un sur quota d'énergie qui arrive d'un coup... donc, ça « disjoncte ».

En analysant les moments où cela arrive quand j'écoute d'autres personnes qui l'ont (ou m'arrivait), je me suis rendue compte que c'est à des moments de panique, peur, de stress, de phobies, de pression d'un entourage inquiet, ou négatif, parfois toxique, de mal être que ce soit à des périodes d'examen, de rencontre avec des personnes, des foules, quelle que soit la vie de chacun(e).

Maintenant que je travaille dans une thérapie brève qui

consiste à rééquilibrer les énergies internes de la personne, j'ai une autre version, « vision » de l'épilepsie et surtout donner une chance de plus aux personnes qui le sont aujourd'hui de pouvoir en guérir.

Il existe déjà plusieurs méthodes pour en guérir :

1- Le traitement « basique » et qui en général se prend à vie. Un gros défaut de ces types de traitements, c'est qu'ils ont des effets secondaires similaires : endormir la personne, provocations néfastes comme abimer ou bruler des organes comme l'estomac, le foie (principalement), déclenchement de carries, et j'en passe.

Pour les femmes, cela provoque des problématiques complémentaires comme « annuler » l'efficacité de la pilule… autant dire, pas la peine d'en prendre si elle ne fait pas son effet : trouver une autre solution n'est pas toujours facile… surtout quand 90 % des hommes pensent que toutes les femmes sont absolument toutes sous pilules aujourd'hui et eux n'auraient aucun effort à faire (je sais de quoi je parle, j'y suis passée).

Pour celles qui veulent avoir des enfants, ces traitements provoquent soit des fausses-couches, soit d'autres problèmes sur le fœtus. Il faut donc en parler à son médecin traitant (ou neurologue) au lieu de faire une plainte contre la fabrique du médicament (affaire Dépakine : je suis scandalisée par ce cas de figure). Les docteurs sont là pour trouver le traitement au plus juste, sur mesure, donc complémentaire permettant au fœtus de ne pas recevoir les aspects néfastes du traitement antiépileptique.

2- Environ 1 an ½ d'examens pour savoir si la personne est opérable ou pas (ce qui rajoute un sacré stress)

3- Opération neurologique quand la zone concernée (celle qui bug) n'est pas le sens du langage, suivie d'une élimination de traitement à durée sur mesure en fonction de la personne et son environnement quotidien (professionnel et personnel)...

Ou hélas non opération pour les personnes chez qui la zone est le sens du langage ou multi foyers.

J'ai été tellement frappée, marquée, l'année de mon opération, par une jeune espagnole qui venait de passer le dernier examen (électrodes intérieures) permettant de savoir si elle était opérable et pour qui ce n'était pas le cas, qu'au fond de moi, j'ai toujours voulu trouver ou m'intéresser à une solution de « secours » pour ces personnes... parce que la vie sans cette maladie, et aussi sans traitement, permet de faire beaucoup de choses, d'activités personnelles, sportives, professionnelles, sociales,... qu'on ne peut pas automatiquement tant que l'individu est sous le statut d'épileptique.

Depuis que je pratique cette thérapie brève, j'ai reçu plusieurs personnes épileptiques. Le fait de l'apprendre, pour l'instant à la fin des séances (alors que j'aurais préféré le savoir avant), cela m'a permis de constater que mes séances ne provoquent pas un déclenchement automatique de tremblote-type de crise ou malaise-type absence. D'autre part, j'apprends par la personne, plusieurs jours ou semaines ou mois plus tard des améliorations de vie qui permettent un avancement dans la guérison.

Les Professeurs, grâce à qui j'ai pu guérir complétement, m'ont confirmé ces hypothèses que j'ai détectées et leur ai démontrées, sont réalisables auprès des personnes non opérables :

« Excellentes nouvelles Béatrice. Merci de m'avoir tenu au courant. Je regarde avec attention si j'ai l'occasion de diriger vers vous certaines familles. Bien cordialement »
Alexis Arzimanoglou

« Merci pour ce long mail, Béatrice, je suis heureux de voir que vous avez rebondi dans d'autres domaines qui quelque part ne sont pas si éloignés du nôtre. Bien amicalement »

P Kahane

Ainsi, permettons aux épileptiques d'aujourd'hui de vivre autrement : ne pas être vu(e) s comme des tares, des handicapé(e) s, comme à la période du moyen âge ! Nous sommes en 2016, que le reste du monde, ceux qui jugent et excluent (y compris les employeurs !), ouvrent leurs yeux et arrêtent de mettre des étiquettes sur le front des épileptiques et anciens épileptiques !

Chapitre 7
Autres types de cas que je peux aider aujourd'hui : le reste du monde

Hormis l'épilepsie, il y a une multitude de symptômes de maux, de « mal-être ».

Parfois, inconsciemment, l'entourage d'une personne épileptique ou atteinte de toute autre maladie est lui-même anxieux, stressé, épuisé, pessimiste,…

Etrangement, dans le public qui juge, un certain nombre d'individus ne voient pas leurs défauts car c'est bien connu et plus facile d'aller juger ce qui ne va pas chez le voisin et l'expulser dès qu'il est atteint d'un contraste, d'un problème, d'une maladie que l'individu a décidé de rejeter et non simplement accepter et respecter la vie que le malade doit adapter en fonction des contraintes liées à sa maladie. J'ai même entendu plusieurs de ceux qui se disent normaux, dans un certain milieu social : « ça ne se fait pas d'aller voir un psy, dans la haute bourgeoisie ! S'il y a un problème, c'est toi, tu es malade (tu étais malade), donc c'est toi qui en a besoin. Moi, je veux ma réussite professionnelle, donc vas te faire soigner ! » Et je lui ai répondu « ben, voyons… c'est tellement plus simple d'aller refouler ses erreurs ou défauts sur une personne qui est déjà passée par la maladie ! Ce n'est pas le fait que c'était le cerveau, qu'automatiquement il faut « m'étiqueter » à vie sous l'appellation « folle, cinglée, vas-te-faire-soigner, contagieuse, arrêtes-tes-délires,… » Des aberrations de ce style-là, je peux en donner d'autres,…

Le mal-être peut être représenté sous diverses formes de stress. Celui-ci correspond à un ensemble de réactions de l'organisme qui apparaissent lorsque ce dernier est soumis à un changement de situation brutale comme un licenciement, une réorganisation dans une entreprise, un décès d'un proche, un divorce, la pression au travail ou à la maison,…

Ainsi, le corps réagit contre ce qu'il ressent comme une agression ou une pression.

Le stress est reconnaissable sous forme de certains symptômes comme : la migraine, fatigue, maux de tête ou des problèmes dermatologiques comme : l'eczéma, urticaire, psoriasis, herpès,… ou simplement les insomnies.

Pour d'autres qui n'auraient pas ce type de symptômes, c'est qualifiable sous forme d'agressivité verbale ou comportementale, « Nœuds des intestins », Maux de dos « j'en ai plein le dos ».

Par exemple, l'angine et la grippe apparaissent plus souvent sur des sujets stressés.

Les personnes qui ont des troubles physiologiques tel que des troubles digestifs : ulcère, nausées, vomissements,… ou des troubles cardiovasculaires : palpitations, augmentation fréquence cardiaque, augmentation mauvais cholestérol… ou même des troubles psychologiques tels que l'irritabilité, l'angoisse, les tics, les nœuds dans la gorge, la colère, les épisodes de panique, l'apparition de dépression pouvant aller jusqu'au burn-out... ou simplement les troubles de comportements : les changements d'humeur fréquents, susceptibilité, problèmes de concentration ou des difficultés relationnelles avec ses proches ou ses collègues de travail.

Il existe bien sûr une multitude de méthodes pour s'en débarrasser :

– Tout simplement le sport !

– Aller chez le psy (-chologue, ou -chiatre, ou thérapeute) pour celles et ceux pour qui parler aide à évacuer leurs soucis du moment.

– Pour celles et ceux qui n'arrivent pas à aller chez un psy ou se sentent bloqués, ont l'impression d'avoir un couteau sous la gorge ou une arme sur la tempe, il y a le sport et/ou les diverses thérapies brèves (hypnose, sophrologie, méthode Vittoz, etc...)

Parmi ces dernières, il y en a une très efficace, que je pratique, qui est la « guérison par l'énergie du cœur » :

Cette thérapie priorise la libération des zones chargées émotionnellement ce qui engendre l'équilibre intérieur, prérequis essentiel à toute guérison. Cette méthode émerveille par la constance des bienfaits qu'elle procure à tous les niveaux. Soulagées de leurs symptômes, plusieurs personnes se sentent plus légères et retrouvent enfin un sentiment de bien-être durable.

A cela, je propose aussi, de manière complémentaire, du coaching « Positive attitude » :

C'est un accompagnement sur mesure en fonction de la personne et de son projet :

En période de changement dans l'entreprise (changement de service ou période préavis, départ à la retraite,…)

En période de changement personnel (études, situations personnelles familiales,…)

En période de « mal à dit » (maladie)

Tout le monde est concerné, de 1 jour à 110 ans ! Sans exception

1er exemple : Un homme d'affaire qui par moments me signalait être insomniaque et les jours où il refusait de le reconnaitre, il préférait dire qu'il a besoin de très peu d'heures de sommeil depuis son enfance.

A côté de cela, il avait par période des symptômes de démangeaisons. Au lieu de reconnaitre que c'est un signe de stress, il préfère annoncer avoir soit disant une allergie à la poussière… alors que, bizarrement après une des premières séances que je lui ai faite, il « fait ses nuits » complètes et en plus, certains jours où il annonce faire une sieste courte de 20 minutes, il en dort 2h minimum !

Côté de ses démangeaisons, le nombre a diminué au moins de moitié. La première semaine, presque plus de démangeaisons et au fur et à mesure que les soucis, sujets de réflexions professionnels reviennent, les zones de démangeaisons sont de retour.

A cela se rajoute une autre intention : perte du poids. Pour l'instant, il prenait des gélules fitness dites aidant à maigrir rapidement. Il en prenait au moins 2 par jour, tentait de ne pas manger pendant les repas… son poids ne diminuait pas aussi vite que ce qui est marqué sur les pots de gélules. Depuis une des séances, il s'est rendu compte qu'il maigrit plus vite sans (trop) changer son alimentation... au point où certains de son entourage s'en sont rendu compte. Etonné que cela se voit autant, il a eu du mal à l'admettre devant certains de ses amis.

2ᵉ exemple :

Début septembre, j'ai reçu une demande de consultation sur un homme hospitalisé. J'ai su rapidement que cet homme était muté d'hôpital en hôpital depuis 6 mois. Ainsi, suite aux multi recherches des médecins, sa femme et lui ne savaient toujours pas quel était le problème du moment. La seule chose que j'ai su au début des séances, c'est que sa paralysie actuelle serait peut-être une forme de stress liée au regroupement de blessures d'enfance, et/ou stress professionnels. D'après sa femme, il avait un « paquet costaud de stress en lui ». J'ai donc intervenu 5 fois en un mois. Les résultats ont été repérés par le malade lui-même, sa femme et le personnel de l'hôpital de La Pitié. A la fin de plusieurs séances, l'homme repérait une amélioration dans les zones qui étaient paralysées et qui se sont mises à bouger ou rebouger. De mon côté, j'ai aperçu par exemple, une zone de rougeur tellement importante qu'on aurait dit de la brûlure, dans le dos, donc zone sur laquelle il était toujours allongé sans trop pouvoir bouger. Au bout de 5 jours, une diminution de 5-10 cm en moins de cette zone. A la 3ᵉ séance, toute cette zone avait disparu. Il restait à peine quelques boutons qui se trouvaient par ci, par là, mais plus du tout la plaque épaisse de rougeurs type brûlures. La peau avait repris sa couleur normale sans une trace type cicatrice.

Le personnel du service était tellement étonné des améliorations ou de ce que je pouvais apporter à leur travail que certaines personnes m'ont demandé si je formais. J'ai pu leur répondre ne pas avoir suffisamment d'heures de pratiques pour les former, pour l'instant… même si j'ai le projet dans les années à venir de pouvoir former les personnes intéressées. J'ai déjà reçu une personne de ce service en séance.

Optimisez votre énergie grâce à celle de votre cœur !

Pour celles et ceux qui ne comprennent pas ce que cela signifie, testez une séance, et vous comprendrez mieux après.

Conclusion

Cher public épileptique, ne vous laissez pas abattre par l'extérieur qui parfois, souvent, empire le cas de votre maladie et tente de vous empêcher d'avancer.

Cher entourage d'une personne épileptique, apprenez à faire confiance en la personne, cela aidera à l'avancement de la guérison.

Le rejet, l'exclusion pensant que l'épileptique est aussi contagieux qu'un lépreux ou quelqu'un atteint de la peste est une grande erreur.

Réussir sa vie avec ou après l'épilepsie, c'est possible !

Bonne continuation à tou-te-s !

Béatrice COURAU

En latin : Béatus Curo (qui se prononce Courau)
Étymologie de Béatus : Bienheureux, qui rend heureux
Étymologie de Curo : je guéris, je traite, je soigne

Est-ce un hasard que je fus toujours intéressée par vouloir aider à guérir et/ou à avancer ?

A vous de me le dire…

Remerciements

Je remercie les médecins qui m'ont suivie jusqu'à la guérison totale, et en particulier :

Professeur Alim-Louis Benabid, neurochirurgien au CHU de Grenoble, qui m'a opérée

Professeur Philippe Kahane, neurologue au CHU de Grenoble et Président du Conseil Scientifique de la Fédération pour la Recherche sur le Cerveau

Professeur Alexis Arzimanoglou, Chef de Service Epilepsie, Sommeil et Explorations Fonctionnelles, Hospices Civils de Lyon

qui m'ont suivie et avec qui je suis encore en contact de manière professionnelle

Je remercie aussi :

Mes parents qui m'ont donné la vie.

Ma maman même s'il a fallu attendre 41 ans pour l'entendre me soutenir dans mes projets, ou me défendre, me faire respecter par les autres, ses petits-enfants en particulier.

Ma fille qui m'a soutenue.

L'ensemble des personnes, ami-e-s et cousin-e-s qui m'ont soutenue, aidée à un moment ou épreuve de la vie.

Mes amis qui m'ont relue, ou corrigée ou éclaircie sur certains passages du livre.

Estelle, ma cousine confidente depuis 40 ans.

Emmanuelle Allonneau-Roubertie, directrice de la Fondation de Recherche sur l'Epilepsie, de m'avoir reçue et confirmé que la vision de l'épilepsie, aujourd'hui, n'a hélas pas encore changé au regard des autres, de ceux qui se disent normaux. Je la remercie aussi de m'avoir invitée à la Journée internationale de l'épilepsie, en février 2016.

Docteur André Rieutord, chef de Service pharmacie de l'hôpital Antoine Béclère, pour les dossiers et projets confiés.

Table des matières

Cet ouvrage a été composé par Edilivre

175, boulevard Anatole France – 93200 Saint-Denis
Tél. : 01 41 62 14 40 – Fax : 01 41 62 14 50
Mail : client@edilivre.com

www.edilivre.com

Tous nos livres sont imprimés
dans les règles environnementales les plus strictes

ISBN papier : 978-2-334-12593-2
ISBN pdf : 978-2-334-12594-9
ISBN epub : 978-2-334-12592-5
Dépôt légal : avril 2016

© Edilivre, 2016

Imprimé en France, 2016